Filmul ca știință
Studiu asupra filmelor

Bucevschi Eduard-Iulian

CONTENTS

1 - INTRODUCERE

V-ați întrebat vreodată, care sunt elementele comune dintre film și psihologie? Sau poate că sunt niște relații complicate între ele? De cele mai multe ori, suntem tentați să vorbim despre o singură relație, chiar dacă vorbim despre mai multe planuri. Filmul oferă un mediu favorabil psihologiei. Ca tehnologie, permite înscrierea analizelor și acțiunilor psihologilor, ca mod de comunicare, sau ca un areal al artei care permite descrierea fenomenelor psihologice. Totodată creează ocazia de a face cunoscută știința psihologiei. Această relație este bilaterală, deoarece psihologia și psihologii pot să ofere o bază de cunoștințe care permit o mai bună înțelegere ale comportamentului, atitudinii sau emoționale ale personajelor principale din filme, iar un areal mult mai interesant de cercetare este psihologia creației.[1]

Legătura dintre psihologie și film a ajuns în stadiul care ne permite să emitem câteva concluzii. Se poate observa în decursul istoriei o apropiere bilaterală și pasiune între aceste două areale. Relația specială dintre film și psihologie este de asemenea subliniată în publicații. Se poate distinge apropierea de tip intimă, pasiunea și angajamentul. Se poate observa o creștere în ceea ce privește angajamentul, ceea ce determină să fie la un nivel înalt. Mereu apar noi cercetări care analizează sau pun în coexiune psihologia și filmul. În acest mod, angajamentul este elementul

---

[1] Ludy T. Benjamin Jr., *History of Psychology: Original Sources and Contemporary Research*, Wiley-Blackwell, 2008.

iubirii. Intensitatea o putem stabili singuri. Din toate acestea reiese că psihologia şi filmul se inspiră în mod reciproc. Revenind totuşi in realitatea noastră de tip materială, trebuie să ne întrebăm dacă acest mod de abordare ne oferă satisfacere. Totodată trebuie să oferim un răspuns şi cui anume oferă această satisfacere. Pentru a fi capabili pentru a oferi un răspuns la întrebarea adresată, trebuie să analizăm istoria filmului şi a psihologiei.

Uitându-ne atenţi la istorie, putem considera că cele două discipline s-au născut în acelaşi an. Fraţii Lumiere au inventat proiectorul de film, ducând la apariţia cinematografului, şi tot în anul 1895, Sigismund Freud a scris „*Studii asupra isteriei*", operă care a oferit premisele psihanalizei. Se poate afirma că aceste două discipline au dezvoltat o relaţie foarte strânsă pe parcursul secolului XX. Începutul cinematografiei a fost şi primul spectacol plătit oferit de fraţii Lumiere, pe data de 28 decembrie 1895, în subsolul Grand Cafe, în centrul Parisului.[2]

Totuşi acel speactacol trebuie tratat în mod diferit. Spectacolul a a vut un caracter simbolic şi nu oferea un răspuns adevărului. Este esenţial de menţionat faptul că fraţii Lumiere au arătat spectatorilor efectul muncii lor. Ei au oferit o redare unilaterală filmate cu o cameră statică. Filmele erau de câteva secunde şi prezentau evenimente autentice. Dar asta nu înseamnă că erau singurii pioneri în ceea ce priveşte imaginile mobile.

Primul metraj care a fost considerat ca fiind primul film, a fost *Roundhay Garden Scene* realizat in anul1888. Instrumentul utilizat pentru înregistrarea imaginii a fost kinetograful şi pentru redarea unei persoane a fost utilizat kinetoscopul construit de Thomas Edison in anul 1891. Istoricii britanici menţionează că începuturile filmului sunt legate de mecanică şi de primul om care a redat o serie de fotografii care exprimă mişcarea. Acest pioner este Eadweard Muybridge, care a utilizat seria chronofotografică pentru a arăta mişcarea calului guverantorului din California, în anul 1872. El e demonstrat că în prima fază copietele calului în timpul trapului atinge pământul. Concomitent, francezul fiziolog Etienne-Jules Marey a reuşit să prindă într-un singur film mai multe cadre care arată mişcarea unei păsări aflate în zbor.[3]

[2] Briggs, Asa, Burke, Peter, *A Social History of the Media: From Gutenberg to the Internet*, 3rd edition, Cambridge and Malden, MA: Polity Press, 2009.

Este foarte important de reținut faptul că aceste două discipline s-au dezvoltat în timp, filmul determinând un interes deosebit pentru psihica umană. Nașterea filmului și a psihologiei, au determinat un proces care apoi a implicat apariția unor noi discipline științifice și practice. Deoarece este un proces, totuși este greu de precizat cu exactitate o dată concretă a noilor discipline. Nu au început toate în decursul a unui singur an, ci s-au dezvoltat pe parcurs.

Deoarece am menționat despre nașterea psihanalizei, nu înseamnă că atunci a apărut și psihologia. De multe ori am fost martori cum unii vorbesc despre legătura psihologiei cu filmul, subliniind factorul psihanalitic. Este problematic deoarece mulți oameni care nu au avut niciodată de a face cu psihologia de tip academică, consideră psihologia ca fiind numai ideile lui Freud, sau în general, cu psihologia de tip clinică, cum ar fi problemele psihice. Aceste asocieri sunt importante, chiar dacă arealul acordat este unul foarte îngust, deoarece psihologia cuprinde foarte multe discipline și subdiscipine.[4]

Receptarea de tip socială complică totul, deoarece psihanaliza este o metodă și o tehnică care se ocupă de tulburările psihice, inițiată și dezvoltată de Sigmund Freud, de elevii și continuatorii săi. Însuși Sigmund Freud a categorizat ca fiind o metodă de cercetare a proceselor psihice, care sunt indisponibile în alte condiții, care se bazează pe studiul acestei metode de vindecare neurotică, dar și ca o culegere de opinii, care au rolul de a crea o nouă disciplină. În ceea ce privește relația cu filmul, psihanaliza poate fi o metodă de analiză și interpretare.

Pentru psihanaliză, autorii sunt destul de reticenți. De multe ori am avut de a face cu afirmații de tipul psihanaliza de la dorință științifică la mit. Nu trebuie să ne mirăm. Psihanaliza a fost un factor care a determinat înțelegerea omului, din punct de vedere psihic, dar a și propagat câteva concepții greșite de aceea a trebuit să fie demitologizată.[5]

---

[3] Briggs, Asa, Burke, Peter, *A Social History of the Media: From Gutenberg to the Internet*, 3rd edition, Cambridge and Malden, MA: Polity Press, 2009, 223.

[4] Young, S.D., *Psychology at the Movies*, New York, John Wiley & Sons, 2012.

Trebuie de menționat, faptul că psihologia, ca disciplină, dar și arta filmului au avut un început mai timpuriu, decât anul 1895, când frații Lumiere au prezentat spectacolul, iar Freu și-a publicat cartea. Cel mai adesea, anul nașterii psihologiei este 1879, când a avut loc deschiderea în Leipzig primul laborator psihologic. Primul care a început noua disciplină de cercetare a fost Wilhelm Wundt. Trebuie de menționat și faptul că în anii 1858-1862 acesta a publicat o serie de articole care abordau vederea din punct de vedere psihologic, pentru ca apoi să publice *Beitrage zur Theorie des Sinneswahrnehmung*. Astfel a început știința psihologiei. De la sfâșitul secolului XIX ea a devenit un cerc de cercetare experimental asupra conștiinței, ca strucutralism și funcționalism, prin cercatări și studii asupra comportamentului, dar și asupra proceselor de cunoaștere.[6]

Trebuie să precizăm faptul că acest Wundt a fost de trei ori nominalizat pentru premiul Nobel. El a fost propus de Hugo Münsterberg, care a fost doctorantul lui Wundt. Münsterberg a dobândit titlul de doctor la Universitatea din Leipzig în anul 1885, la câțiva ani de la deschiderea laboratorului de psihologie.

Münsterberg este considerat ca fiind unul din pionerii psihologiei aplicate și al psihologiei judiciare. După ce a considerat că a atins toate elementele importante ale psihologiei judiciare, s-a concentrat asupra aplicării psihologiei în afaceri, educație, medicină și film. A reușit să scrie câteva cărți dedicate psihologiei industriale, judiciare, psihoterapiei și pshihologiei filmului.

În anul 1916, a publicat în New York cartea *The photoplay. A psychological study*. O astfel de publicație, în acea vreme, a fost ceva neobișnuit. De aceea a fost posibil să rămână în anonimat. Abia în anul 1970, a fost introdusă în cercurile largi universale. Această carte a fost o teoretizare completă a filmului, care a reușit să reziste în timp, chiar dacă a apărut în perioada în care nu era utilizată această terminologie care să facă referire asupra noii arte.

[5] Winterhoff-Spurk, P., & van der Voort, T. H. A. (Eds.). *New horizons in media psychology: Research cooperation and projects in Europe*. Opladen: Westdeutscher Verlag. Wiseman, 1997.

[6] Robert W. Rieber, David K. Robinson, *Wilhelm Wundt in History: The Making of a Scientific Psychology*, Springer Science & Business Media, 2012.

Încă nu se cunoştea conceptul rezervat a ceea ce se va numai mai târziu film. În schimb se utiliza conceptul de moving pictures, adică imagini animate sau the photoplay ca fiind drama cinematografică. Al doilea concept se referea de asemenea şi la filmele de tip fabular. Münsterberg era fascinat de tot ce era nou, de aceea se interesa şi de noua artă apărută, adică filmul. Conform mentalităţii de atunci, el nu mergea la cinematograf, deoarece această nouă artă nu era dedicată clasei intelectuale. Faptul că în anul 1914, a vizionat din greşeală pelicula *Neptune's Daughter*, a descoperit o nouă potenţialitate a filmului. A încercat să explice noul fenomen prin analiza atentă ale elementelor care se manifestă în cadrul cinematografului. A încercat să descopere şi particularitatea cinematografului. Aceste caracteristici le-a descoperit la receptori, mai exact în speficitatea procesului raţional. Münsterberg a afirmat că scopul principal al filmului de drama este ilustrarea emoţiilor prin intermediul personajelor. Aceste personaje experimentează şi exprimă sentimente care determină pe receptor să se angajeze la rândul lui cu emoţiile proprii. Directorul de film poate să intensifice aceste trăiri emoţionale cu ajutorul unei game întregi, după plac. Münsterberg a descris acest fenomen al idetificării şi proiecţiei, referindu-se la angajarea spectatorilor în trăirea personajelor. Trebuie să recunoaştem că aceste premise au fost dezvoltate aproape patruzeci de ani mai târziu. Spectatorii pot să împărtăşească sentimentele personajelor, prin identificare, sau să „arunce" pe ecran propriile emoţii, ca fiind o proiecţie proprie asupra mediului din film, sau asupra personajelor. El a analizat în mod separat emoţiile care au apărut în contact cu arta, dar şi cu satisfacerea estetică.[7]

Opera lui Münsterberg a fost deseori considerat un fundament pentru a prezenta legătura dintre film şi psihologie. Această istoric devine interesantă dacă adaugăm şi faptul că Edwin Boring s-a împotrivit unei aplatizări ale psihologiei, şi nu era de acord cu viziunea lui Münsterberg. Boring a încercat să readucă psihologia în cadrul ştiinţific, pentru ca această disciplină să fie una demnă de universitate. El a simţit necesitatea de a apăra psihologia de filozofi.[8]

---

[7] Hugo Münsterberg, *The Photoplay: A Psychological Study*, Library of Alexandria, 1916.

Trebuie de menționat că Boring poate fi considerat primul critic de film. Tot el a fost printre primii care a analizat impactul filmului asupra receptorilor. Pentru a putea analiza amănunțit evenimentele, a utilizat o secvență din filmul *Van Bibber's Experiment*. O astfel de analiză psihologică a filmului a demonstrat că psihologia în sine este o știință de natură empirică.[9]

---

[8] Boring, Edwin, G., *History of Experimental Psychology*, Cosmo Publications, 1929.

[9] Boring, Edwin, G., *The Physical Dimensions of Consciousness*, Bibliolife DBA of Bibilio Bazaar II LLC, 2015.

2 – DOUĂ CĂI DE ANALIZARE A FILMULUI

Dacă este să vorbim din punct de vedere psihologic, am putea afirma că un film poate fi analizat din punct de vedere psihanalitic și cognitiv. De asemenea aceste două direcții pot fi utiizate pentru a lucra cu filmul. Bineînțeles că există și alte tipuri de analiză psihologică, dar mai puțin eficace.

Din punct de vedere al analizei de tip psihanalitice, se accentuează rolul subconștientului. Din punct de vedere al analizei de tip congitiv, se accentuează rolul activ de participare și conștient al spectatorului. Abordarea de tip psihanalitic a dominat analizele destinate artei, a permis eliminarea unor serii de mituri.[10]

Psihanaliza este metoda de a analiza și de a interpreta filmul. Creația artistică a intrat în acest cerc științific odată cu anul 1953, când a apărut cartea *Psychoanalytic Explorations in Art* scrisă de Ernst Kris.[11] În abordarea de tip psihoanalitică, în special în abordarea experimentală, poate fi considerată ca o intrare în copilărie, sau mai exact, exprimă dorința de a intra în pântecul mamei. Această metaforă poate fi receptată ca o invenție proprie și poate fi considerată ca fiind ceva care depășește arealul propus. Totuși, se poate observa că filmul și televiziunea, au înlocuit într-o oarecare măsură viața propriu-zisă. Din cauza fricii, spectatorul se

---

[10] Aumont, Jacques, Marie, Michel, *L'analyse des films*, Paris, Nathan, 1988.

[11] Ernst Kris, *Psychoanalytic Explorations in Art*, International Universities Press, 2000.

aşează confortabil în faţa ecranelor, în lumea fictivă, exact ca în sânul mamei. Acest concept, poate fi într-adevăr extins şi în ceea ce priveşte lumea virtuală oferită de internet. Faptul că nu avem nici o influenţă asupra nici o influenţă în a determina o schimbare în „destinul filmului" ne oferă o comoditate şi mai mare, şi oferă un confort deosebit, exact ca atunci când eram în sânul mamelor noastre, când nu eram puşi în dificultate de a face alegeri, şi când existenţa noastră era automat asigurată.[12]

În anii 1960, a apărut tendinţa de a introduce teoria în analiza de tip semiotică. Este greu de explicat de ce s-a încercat analiza numai cu metoda iniţiată de Freud, chiar dacă psihologia cunoaşterii era destul de bine dezvoltată.[13] În concepţia lui Freud, una din cele mai râvnite necesităţi ale omului este de a obseva, iar psihanaliza a considerat ca fiind foarte importantă subiectivitatea oferită, mai ales în domeniul structurii metodei de observare. În anii 1980 s-a enunţat că popularitatea metodei de tip psihanalitic este psihanaliza în sine. Psihanaliza depăşea alte obiecte ale subiectului, oferind răspunsuri privind ceea ce vedeau spectatorii, dar şi privind procesul de a crea semnificaţii.[14] De cele mai multe ori s-a făcut apel la *Die Traumdeutung* şi *Der Witz und seine Beziehung zum Unbewussen*, opere în care Freud a analizat conexiunea dintre însemnătatea evidentă şi cea ascunsă.[15]

S-a enunţat că pentru a descrie emoţiile şi suspansul, cea mai bună metodă este psihanaliza. Odată cu apariţia acestei afirmaţii, criticii, teoreticienii şi cercetătorii de film, au arătat un interes deosebit pentru filmele de tip horror. Ar fi fost o exagerare de a considera că există o conexiune simplă şi directă cauză-efect. Esenţial este că în ceea ce priveşte reflexia, în primul plan apar nu

---

[12] Winterhoff-Spurk, P., *Psychology of media in Europe: The state of the art, perspectives for the future,* Opladen: Westdeutscher Verlag, 2013.

[13] Aumont, Jacques, Marie, Michel, *L'analyse des films*, Paris, Nathan, 1988, 301.

[14] Dany Nobus, *Jacques Lacan and the Freudian Practice of Psychoanalysis,* Routledge, 2013.

[15] Aumont, Jacques, Marie, Michel, *L'analyse des films*, Paris, Nathan, 1988.

numai coșmarurile ci și gândurile și tendințele aduse în subconștient. Sursa fricii constă în readucerea aceea ce este suprimat, fiind categorizat ca fiind un monstru. În consecință, toate aceste elemente sunt împinse în subconștient.

Este interesantă ideea formulată în mod general privind interpretarea genului horror cu evenimentele experimentate de om în adolescența sa. Dacă până la adolescență, copilul a făcut față realității care l-a înconjurat, odată cu terminarea coilăriei, intervine un proces mai complicat. Apar schimbări la nivel psihic și la nivel biologic. Spectatorul prezent la film, chiar dacă este înspăimântat de ceea ce vede pe ecran, respectiv monștrii, simte o afinitate de tip tainică. Această afinitate rezultă din asemănarea monștrilor cu persoanele cu care a intrat în contact în perioada creșterii, de marginalizarea impusă de societate, în ciuda faptului că persoana a încercat din răsputeri să fie acceptat. De obicei obiectul atacului este persoana de sex opus, atac care are de obicei în timpul nopții, și victima se află în pat dormind. Monștrii nu folosesc niciodată instrumente, atacă cu propriul corp, și de cele mai multe ori, victimele sunt copii. De asemenea, efectul atacului amintește și de sentimentele legate de primele contacte intime, cu menționarea că victima nu va mai obține niciodată inocența, așa cum nu mai poate redobândi virginătatea, și de cele mai multe ori, devine un monstru asemănător cu cel care l-a atacat. Monstrul, deseori este rușinos și are simțământul vinei, și în consecință, aceste elemente sporesc chinul monstrului. Faptul că vampirul dă drumul la sânge, sau, în mod regulat vârcolacii, în fiecare lună se dezlănțuie, par a fi o conexiune explicativă pentru tainicitatea și înfricoșătatea ciclului menstrual.

Cum am mai menționat până acum, conceptele utilizate de psihanaliză, duce la explicarea că toate procesele și moștrii sunt de fapt o exprimare ale poftelor cu tentă sexuală reprimate. Chiar dacă unele evenimente care apar în filmele horror pot fi catalogate ca fiind o exprimare ale proceselor sexuale reprimate, ar trebui să ne gândim, ce fel de procese ar putea fi satisfăcute utilizând imagini, unde oamenii sunt utilizați de gorile, sau ce anume ar putea satisface să zicem mirosul de putoare, aducător de moarte al unui dragon sau zombie? Cu siguranță un psihanalist experimentat, ar dezvolta o serie de conotații care ar duce de exemplu spre bărbați, care au obținut fructul dorit, de a subjuga din punct de vedere sexual. Avem tot dreptul să tratăm suspicios toate concluziile extrase de la acest tiip de iipoteză, doar pentru a potrivi faptele cu teoria.[16]

Este clar că putem lărgi câmpul îngust al psihanalizei. În acest caz, monștrii și faptele lor nu trebuie să conțină înțelesul unor dorințe sexuale reprimate, dar pot să simbolizeze o conexiune cu toate formele de reprimare care țin de sfera sexuală, precum și fricile sau fanteziile avute în copilărie. Totuși ne putem îndoi, dacă fiecare monstru poate fi o reprimare a unei experiențe psihice. [17]

În abordarea psihanalitic avem de a face cu fenomenul catharsis și acținile cu caracter de catharsis. Acest concept este utilizat prima oară de Aristotel pentru a descrie curățarea prin durere și frică combinată cu anxietate. Acest proces are loc datorită identificării cu eroii din tragedii, ceea ce de fapt permite curățarea sufletului. La Freud, același proces reprezintă un tip de reacție, care este înțeleasă în mod îngust, ca fiind o re-trăire reprimată în elementele de tip esențiale ale subconștientului, apoi, într-un sens mai larg, din punct de vedere emoțional, o re-trăire a intensității create de conștientizarea fenomenului. Totuși trebuie să acceptăm definiția dată de psihologi, care afirmă că catharsis este satisfacția emotională, cunoscută în general ca fiind o purificare de răul propriu și personal. Acest proces trebuie în mod realistic să participe activ la descătușarea și eiminarea agresiunii. Conform lui Freud, comportamentul de tip agresiv, sau chiar a fi martor la o agresiune, oferă oamenilor o satisfacere de tip emoțional. Datorită acesor elemente, oamenii devin din ce în ce mai puțini înclinați pentru a acționa în mod agresiv. Totuși această idee a fost contrazisă de dovezile clare. În consecință, s-a enunțat că ideea este greșită, și în consecință, trebuie eliminată.[18]

Conceptul de catharsis are înțelesul unei acțuni de purificare cu

---

[16] Noël Carroll,, *The Philosophy of Horror: Or, Paradoxes of the Heart*, Routledge, 2003, 288-291.

[17] Noël Carroll,, *The Philosophy of Horror: Or, Paradoxes of the Heart*, Routledge, 2003, 288-289.

[18] Baumeister, Roy, F., *The cultural animal: Human nature, meaning, and social life*. New York: Oxford University Press. 2005.

caracter de fantastic și de a privi violența pe ecrane. Această credință într-un asemenea mecanism are o tentă generală de a asigura faptul că exteriorizarea urei și violenței oferă satissfacție, aduce o eliberare și determină o scădere a tensiunii la nivelul avut înainte de acțiune-provocare, acțiune care a determinat creșterea intensității a tensiunii. Descătușarea urei este o plăcere, dar întărește și promovează agresivitatea. Catharsis nu se realizaează prin agresiune, iar persoanele care au convingerea în potențialitatea acestui element, reacționează în schimba într-un mod foarte agresiv și violent.[19]

Trebuie să menționăm că în cercul psihanaitic dar și în relația cu filmul care este o creație, mai apare un mit. Este vorba de creativitate de tip Freudiană. Această creativitate, nu este una clară. Nu se poate vorbi în acest caz despre o știință de tip psihologică. Reprezintă un mod foarte negativ de a lua în considerare a creativității. Cele mai multe concepte inventate de Freud se bazează pe idei, care utilizează imaginația. Sau poate crea anumite fenomene ca o sublimare a dorinței de tip sexual. Trebuie să menționăm, că în psihanaliză, sublimarea este un mecanism de apărare a personalității. Această sublimare determină o schimbare și mutare a scopului, care nu poate fi atins sau realizat, la un alt scop posibil. Ca o ironie, de multe ori se afirmă că oamenii originali și creativi au o viață sexuală mai bogată decât cei pasivi.

Teoriile care sunt legate de structură și inspirate de psihanaliză, ca punct de ieșire privitor la reflexia asupra receptării filmului, încearcă să afle impactul filmului asupra individului. Acest tip de abordare pune accentul pe importanța proceselor care au loc în subconștient, care blochează descifrarea de tip activă a textului, și care este în același timp ghidat de textul dat. Ca o contrapunere, teoria cognitivă a filmului încearcă să ofere răspunsuri la activitatea spectatorului care vizionează filmul. Dacă reușește să înțeleagă filmul dat. Pioner al acestui curent a fost Hugo Münsterberg, care în cartea sa, publicată în anul 1916, a abordat persoana spectatorului ca fiind conștient de procesul conținutului încadrat în film. Mulți psihologi cognitivi au privit filmul ca fiind un material stimulativ pentru procesele cognitive ale spectatorului.

[19] Kaufman, J. C.,. *Genius, lunatics, and poets: Mental illness in prizewinning authors*, Imagination, Cognition, and Personality, 2001a, 305–314.

Trebuie de luat în calcul atenționările privitor la abordările filmelor din punct de vedere psihanalitic, mai ales la trecerea din sfera psihanalitică spre sfera cognitivă. Un element important este libertatea de interpretare psihanalitică, care încercă să găsească în toate filmele ale acelorași scheme, structuri și idei, care de fapt ar simboliza represimări de tip narcisistic, sau complexul lui Oedip, simbolistici care implică castrări sau falice. Ceea ce subliniem noi aici, este o privire de ansamblu prin prisma analizei filmului. Totuși unii receptori pot avea o impresie falsă, cum că întreaga psihologie, care oferă asemenea abordări, este săracă și monotematică. Acest fapt a determinat găsirea unei noi paradigme. Această nouă paradigmă, pe fundamentul oferit de teoriile psihanalizei ar fi creat alternative în ceea ce privește psihanaliza. Posibilitatea de a dezvolta un asemenea discurs care presupune o total diferită imaginație a persoanei a fost adusă de psihologia cognitivă. Pentru a putea clarifica și explica comportamentul, acțiunea și gândirea uneii persoane, psihologia cognitivă se preocupă cu intersul asupra deciziilor conștiente, cu activitatea cognitivă și pune accent pe natura creativă a omului. Toria cognitivă a filmului se ocupă cu activitătile conștiente și raționale ale eu-lui. Teoria cognitivă încearcă să afle dacă receptorul încearcă să înțeleagă filmul, dacă analizează construcția structurală a evenimentelor din film, ca să poată înțelege filmul.[20]

---

[20] Sharon Packer, *Movies and the Modern Psyche*, Greenwood Publishing Group, 2007, 29-33.

3 - RELAȚIA FILMULUI CU PSIHOLOGIA

Puțini au fost cei care au observat potențialitate filmului și a fotografiei în cadrul psihologiei. Puțini erau cei care conștientizau că filmul poate fi aplicat în cadrul analizei științifice, sau ca filmul să devină un mijloc în studierea psihologiei dar și ca o propagare a științei psihologice și pedagogice. Filmul poate fi observat ca fiind o oglindă, care reflectă viața zilnică. O afirmație interesantă a fost făcută de Siegfired Kracauer, care spunea că în concepția lui, filmul, în special cele germane, permit la descoperirea curentelor psihologice profunde care dominau Germania în perioada post-belică, inclusiv până la apariția nazismului în viața politică, și care au influențat evenimantele inclusiv cele postbelice.[21]

Abordarea discuției privitoare la relația psihologiei cu filmul, poate produce diferite reacții. Psihologia și filmul au o relație cu caracter bilateral. Putem găsi psihologie în imaginile din film, iar imaginile utilizate pot fi utilizate ca unelte ale psihologiei. De aceea putem vorbi despre prezența psihologiei în filme. Totodată directorii de filme pot să se consulte cu psihologi pentru a crea efectele dorite. Astfel avem de a face cu analize dar și cu acțiuni practice între film-receptor-director, și toate aceste relații sunt în limitele relaționării dintre psihologie și film. Aceste elemente pot fi încadrate într-un fundal bine definit: stat, oraș, cameră. Pentru a ierarhiza elementele care favorizează o interpretare a materialelor de tip vizual, se poate deosebi limita imaginii în sine, care are o

---

[21] E. Ann Kaplan, *Psychoanalysis and Cinema*, Routledge, 2013.

importanţă deosebită pentru a oferi însemnătate vizuală. Se poate accentua câmpul de receptare, care oferă răspuns pentru subiect referitor la înterpretarea filmului. Apoi urmează limita câmpului de pregătire, referitor răspunsuri la întrebări legate de film, personaje şi acţiune, dar şi a mesajului transmis către receptori. Deseori imaginea vorbeşte despre cine a pregătit totul şi a distribuit. Ceea ce reprezintă intră în categoria a doua de întrebări.[22]

Legătura film-psihologie se poate împărţi în trei categorii mari, cum ar fi psihologia directorilor de film unde se poate lua în dezbatere filmul ca fiind o reflexie a regizorilor dar şi utilizarea psihologiei în film, conform adaptărilor aplicate în urma dezbaterilor avute cu psihologii. A doua categorie ar fi psihologia în film, unde se analizează comportamentele psihologice ale personajelor, importanţa subconştientului, eventual tratementele de tip psihologic prezente în filme, împreună cu bolile psihice. A treia categorie ar fi psihologia spectatorilor, luând în considerare cine, când, unde şi de ce vizionează filmul, apoi gândurile şi emoţiile care se dezlănţuie în timpul vizionării filmului, dar şi experienţele de tip reflexiv, inclusiv efectele produse în subconştient.[23]

Este foarte posibil ca cei care aud filmul şi psihologia să se gândească involuntar la filme cu tentă psihologică, care de cele mai multe ori sunt drame. Oricum, trebuie să recunoaştem că indiferent de caz, legătura dintre film şi psihologie depăşeşte toate limitele. Nu există producţii cum ar fi filme de tip psihologic, chiar dacă cei mai mulţi vorbesc despre acest tip de producţii, aici intrând inclusiv şi criticii de film. Cea mai simplă definiţie a psihologiei este că această ştiinţă abordează comportamentul uman împreună cu toate procesele psihice. Putem cu uşurinţă să obervăm, să numim şi să oferim explicaţii la toate fenomentele psihologice care apar în filme. Bineînţeles că această acţiune de categorisire este oarecum ierarhizată şi dependentă de anumiţi factori, cum ar fi scopul dorit. După ce identificăm aceşti factori, am putea vorbi despre utilizarea psihologiei în film. Acest tip de abordare este totuşi unul oarecum îngust, deoarece elimină din start

---

[22] Wedding, D., Boyd, M.A., Niemiec, R.M., *Movies and mental illness: Using films to understand psychopathology* (3rd ed.). Cambridge, 2010.

[23] Young, S.D., *Psychology at the Movies*, New York, John Wiley & Sons, 2012.

posibilitatea unui film de a fi ne-psihologic. Acest tip de abordare mereu va cataloga filmul ca fiind fie o culegere de mituri, fie o aplatizare, sau fie dovedește un proces de tip psihologic, într-o lumină distorsionată. Trebuie o mare atenție dar și o abordare activă din partea tuturor. Trebuie de avut în vedere faptul știința despre problemele psihice este oarecum în dezvoltare, și trebuie de avut în vedere faptul că mass-media cu ușurință poate crea și influența opinia publică, mai ales în domeniile în care oamenii nu au o bază stabilă.[24]

Filmul acționează și influențează opinia publică, privind cauzele și tratamentul bolilor psihice la fel cum funcționează cercetările științifice. Pe lângă cercetările științifice duse în sfera sănătății, s-a dedus că filmul influențează opinia profesioniștilor. Un caz concret a fost înregistrat după vizionarea filmului *One Flew Over the Cuckoo's Nest*, s-a pus în discuție tratamentul cu electroșocuri, mai ales după ce spectatorii l-au văzut pe Jack Nicholson cum a aplicat această terapie. Au mai fost filme care s-au axat pe subiecte de psihiatrie și psihiatrie, unde s-au prezentat personaje-psihiatriști malefici precum și instituții care au afectat recepția psihologiei și psihiatriei. Unul dintre aceste filme este și *One Flew Over the Cuckoo's Nest*, iar al doilea *The Silence of the Lambs*. Ambele aceste filme au accentuat cele mai urâte elemente ale psihiatriei. ne putem întreba dacă filmul *The Cabinet of Dr. Caligari* ar fi stârnit interes pentru psihiatrie, și dacă ar fi ajuns să fie și el nominat la premiile Oscar.[25]

Un alt film interesant este *Psycho*. Putem observa că în acest film se confundă schizofrenia cu tulburările de personalitate. De asemenea, toate filmele din seria The Exorcist identifică problemele psihice cu posedările. Astfel de filme oferă un răspuns parțial la stigmatizările persoanelor cu probleme psihice. Astfel de stigmatizări sunt o cauză pentru care puțini oameni cu probleme psihice pot obține susținere din partea celorlalți. De aici rezultă și tendința de a-i face pe dânșii ca fiind responsabili pentru bolile lor. În cazul filmului Rain Man se poate obseva sugestia că persoanele

---

[24] Ryan M Niemiec, Danny Wedding, Positive *Psychology at the Movies: Using Films to Build Virtues and Character Strengths*, Hogrefe Publishing, 2013.

[25] Sharon Packer MD, *Mental Illness in Popular Culture*, Praeger, 2017.

care au autism, au abilități deosebite. Prin ceea ce scriem, dorim să subliniem faptul că nu condiționăm abilitățile unora, ci doar faptul că filmul, în acest caz, devine un determinant pentru teoriile ireale și imaginațiile false. La fel cum a fost în perioada filmelor bolșevice, când chiaburii erau mereu prezentați ca fiind foarte corpolenți.[26]

De aceea este foarte important ca să verificăm ceea ce filmul prezintă. Cât de adevărate sunt evenimentele prezentate în mass-media în general, dar mai ales, ceea ce apare pe ecrane. Pentru cei mai mulți, este o provocare deosebită ca să găsească miturile abordate în filme. Dar, miturile nu reprezintă singurul element de impact dintre psihologie și mituri. Cum am spus mai sus, relația dintre psihoologie și film este una reciprocă atât din punct de vedere pedagogic, dar și dacă vorbim despre fundamentul științific al psihologiei. Astfel, didactica prezintă exemple care sunt abordate din punct de vedere psihologic în filme, iar din film rezultă inspirații pentru cei care studiază psihologia. Apare problema dacă elementele psihologice prezentate în filme sunt redate în conformitate, și dacă ceea ce prezintă psihologia reprezintă ceva cert și bine definit, epuizând materialul cercetat.

Trebuie să atenționăm că toate fenomenele de tip estetic, sociale și pedagogice, care apar în filme, se bazează pe trăirile experimentate de spectator, așadar, toate se bazează pe fenomenele psihice. Am putea afirma că psihologia filmului este de fapt o psihologie aplicată. Elementul de aplicare este activitatea psihică care sunt împletite în procesul de filmare dar și în recepția filmului de către spectator. În cadrul psihologiei filmului intră ca parte componentă psihologia creatoare împreună cu psihologia receptării filmului. Însă definiția pentru psihologia filmului este încă în dezvoltare. Așadar noi am numit numai câteva componente certe care deja au apărut în filme. Cu siguranță vor mai fi elemente care vor contribui la dezvoltarea acestei definiții.[27]

La fel este și cu psihologia mass-mediei. În general, psihologia

---

[26] Ryan M Niemiec, Danny Wedding, Positive *Psychology at the Movies: Using Films to Build Virtues and Character Strengths*, Hogrefe Publishing, 2013.

[27] Lilienfeld, S.O., Lynn, S.J., Ruscio, J., Beyerstein, B.L.,. *50 great myths of popular psychology*. West Sussex, UK: Wiley-Blackwell. 2010.

mass-mediei recurge la alte departamente ale psihologiei, cum ar fi cea cognitivă sau de dezvoltare, dar face apel și la alte sfere și discipline, precum știința despre comunicare, sociologie și cultură, pentru a utiliza informația despre psihologie și analiza metodelor de aplicare ale mass-mediei.[28]

---

[28] David Giles, *Media Psychology*, Routledge, 2003.

4 - FILMUL CA DISCIPLINĂ

Filmul, este un obiect fizic. Este şi o artă care include toate procesele legate de efecte. Poate fi considerat ca fiind o artă de tip sintetic. Cuprinde sintezele de artă ale picturii, muzicii, sculptură, arhitectură etc. Dar mai ales include pe om, care se poate exprima.

Filmul ca atare, nu este doar o operă de artă, care poate fi vizionat pe ecrane. Filmul este totodată un canal foarte important pentru comunicare.

Filmul este o producţie care variază ca timp. Poate fi documentar sau animat, format din imagini cu sau fără sunet. Poate fi transpus pe dispozitive care pot reda de mai multe ori. Poate crea dinamism, poate exprima acţiune în formă individuală. Înafară de filmele documentare şi animate, este destinat să fie redat în cinema-uri într-o primă formă de exploatare, mai ales în ceea ce ţine de dreptul de autor şi formalităţile auxiliare care ţin de dreptul de autor.

De cele mai multe ori, când vorbim despre film, ne referim despre filmele de ficţiune rulate în cinema şi pe micile ecrane. Trebuie să precizăm că televizoarele au evoluat din cauza cinema-urilor, ca o competiţie. A urmat apoi un triumf al imaginii în mod general. Vorbind despre televiziuni şi televizoare, mai ales în timpurile noastre, imaginea, mai ales imaginile de tip televizor este prezent pretutindenii. Aceste imagini crează o formă nouă, formează obiceiurile şi convingerile, inclusiv şi ideile în sine. Noua tehnologie şi-a impus forţa în detrimentul operelor scrise. Trebuie să menţionăm că şi serialele reprezintă un ciclu de film, care fac legătura cu personaje comune, care afişează un caracter al acțiunii sau care au un subiect comun. Doar că serialele sunt compuse din mai multe părți, pentru a evidenția în mod mai aprofundat anumite elemente.[29]

Este clar că o astfel de înțelegere a filmului poate ridica controverse. Suntem obligați să menționăm faptul că filmele seriale au atras atenția psihologilor. Ca dovadă putem menționa serialele *Doctor House* şi *Lie to me*, utlimul realizat după indicațiile oferite de Paul Ekman.[30]

În general mass-media au devenit un element al vieții cotidiene moderne. Se poate observa cum oamenii încep să trăiască din ce în ce mai mult în noua lume de tip virtuală, o lume virtuală universală, cu caracter global, o lume creată de mass-media. Avem de a face cu o dominare constantă şi tot mai agresivă din partea mass-media, care încearcă să ofere elementul de legătură între lumea reală şi persoana care este transformată într-un obiect care primeşte elementele de supraviețuire prin filtrul mass-media. Acest fapt are o însemnătate deosebită pentru activitata cotidiană a omului. Elementele fundamentale ale cunoaşterii, conform căreia oamenii nu mai acționează conform relaităţii din viaţa reală, ci conform elementelor prezentate vizual. Aceste elemente au menirea să determine o împlinire: adică oamenii nu văd lumea aşa cum o experimentează în mod direct, ci în măsura cum le este prezentată. Expreimentarea lumii aşa cum este în relaitate, dar şi interacțiunea cu această lume este înlocuită prin experimantare indirectă.[31]

Trebuie să recunoaştem că sunt diferite provocări în privinţa aplicării filmelor în scop pedagogic, atât pentru cei care oferă dar şi pentru cei care receptează informaţiile. Luând în considerare conținutul, forma şi mentalitatca, am putca cmitc o clasificare. Conținutul informaţional al filmelor a crescut, şi creşte anual, în

---

[29] Ferro, Marc, *Cinema et Histoire*. Paris: Gallimard, 1984.

[30] DePaulo Bella, Leah Wilson, *The psychology of Dexter*, Dallas, BenBella Books, 2010.

[31] Jan Van Dijk, *The World of Crime: Breaking the Silence on Problems of Security, Justice and Development Across the World*, SAGE, 2007, 288-292.

timp ce cererea a început să scadă, iar știința în sine începe să crească destul de greu în rândul așa zișilor consumatori. De ce? Răspunsul este că ecranul are destulă eficiență de a capta atenția spectatorului, iar încercările de a capta această informație este de fapt o fragmentarizare a conținutului în defavoarea contextului și al relecției, care sunt în acest context, marginalizate, sau chiar excluse. Putem observa, chiar și pe internet, că aproape toate comunicatele sunt din ce în ce mai scurte, conțin factori care prezintă interes din ce în ce mai tari. Elementele menționate mai sus devin din ce în ce mai superficiale în conținut, iar forma lor este din ce în ce mai complexă. Cea mai mare problemă care rezultă din înlocuirea textelor imprimate cu elemente audiovizuale, este creșterea complexității, dar nu și a superficialității.[32]

Privitor la aspect și formă, ele trebuie să acționeze în mod invers cu tendințele din arealul mental. S-a afirmat că utilizarea tuturor dispozitivelor cu ajutorul unui singur deget a contribuit la realizarea tuturor cerințelor în toate aspectele vieții, reprezintă un punct central în analiza acestei teorii supranuminte și mentalitatea degețelului. Este vorba de a minimaliza costurile și de a maximiza foloasele, a aversiunilor față de situațiile incerte, sau a rigidității. Aceste tipare, care pot fi încadrate în tendițele de a raționaliza sau de a matematiza, corelate cu avesriunea manifestată de obligativitatea de a lua o decizie independentă și de asumare a responsabilității.[33]

Privitor la mentalitatea degețelului, a nu se confunda cu mentalitatea lui *Littlefinger* din *Game of Thrones*, este efectivitatea funcționării omului. Această eficacitate de funcționare este o aplicare aleatorie și reciprocă de adaptare al individului și al mediului/context în care trăiește. Pentru aceasta, prin analiza atentă a fiecărei activități, trebuie de luat în considerare timpul acordat, dar și locul, ca fiind măsuri care determină și oferă semnificație specificității mentalității umane. Trebuie mereu să avem în vedere fiecare caz în parte, care trebuie receptat ca fiind un alt nivel de

---

[32] Jan Van Dijk, *The World of Crime: Breaking the Silence on Problems of Security, Justice and Development Across the World*, SAGE, 2007, 275-279.

[33] Jan Van Dijk, *The World of Crime: Breaking the Silence on Problems of Security, Justice and Development Across the World*, SAGE, 2007, 273.

analiză al subiectului -om. Este vorba de mentalitate, care este un profil de tip funcțional al gândirii. Se bazează pe formarea de tip evoluționist al mecanismelor, format din condiționările resurselor contextuale, specifice fiecărui areal-spațial și temporal al modelelor de actionare cognitiv și emoțional.[34]

Profilul mental al omului modern, care face part din așa-numita „civilizație vestică" poate fi descris ca fiind o culegere de reacții automatice de tip emoțional-cognitiv. Acest tip de mentalitate influențează comportamentul omului din „civilizația vestică" de a opta pentru soluții rapide, ușoare și oarecum clare, in locul celor încete, dificile și întortocheate. În cadrul mecanismului biologic, se axează pe procesele de tip neurale de premiere a activităților cu frecvență înaltă, cu întruparea dar și cu coeziunea cognitiv-emoțională. Nivelul cultural al locuitoriilor din Vest este format și de curentele de tip tehnologic, raționalizare, mercantiliste, nihiliste și individualiste. Un element caracteristic este procesul informațional care este mereu în creștere.

Indiferent de activităti, forma de apariție a determinantei are un caracter care se impregnă în profilul de tip mental. Acceptarea ei, ca fiind general valabilă, sub denumirea de „mentalitatea degețelului" creează concluzia că activitatea subconștientului în cultura noastră oferă un bonus pentru acele mentalităti cu acțiuni rapide, ușoare și clare. Astfel putem găsi un răspuns privitor la forma și conținutul producțiilor accidentale, care este personalizată conform potențialului spectator, prin respectarea dar și prin anticiparea predispozițiilor lui mentale și raționale. Recurgerea la abilitățile de căutare și selectare rapidă conform arealului oferit, permite regizorilor să intensifice determinanții care mențin atenția și sensibilitatea spectatorilor, totodată permițând și o condensare empirică a trăirilor. De genul *Hannibal Lecter* sau arhicunoscutul *Saw*.[35]

Reprezentarea de tip mentală cu importanța necesară acordate ușurinței și unicității de tip empiric sunt fundamentate de filmele

---

[34] Richard J Gerrig, Philip G Zimbardo, Andrew J Campbell, Steven R Cumming, Fiona J Wilkes, *Psychology and Life*, Pearson Higher Education AU, 2015.

[35] Jan Van Dijk, *The World of Crime: Breaking the Silence on Problems of Security, Justice and Development Across the World*, SAGE, 2007, 274.

care se bazează pe construcțiile tipice basmelor. Unilateralitatea personajelor și sfârșitele, fac referință în mod direct spre lumea spectatorului. Este vorba despre elementele care reușesc în mod absolut să limiteze obligativitatea reflecției asupra celor vizionate. O asemenea construcție nu creează îndoieli în privința destinului presonajelor, asupra posibilităților și nici asupra legitimității de acțiune adoptate de personaje, ci dimpotrivă, conduce pe spectator în mod voit și bine determinat, economisinf în acest fel, resursele de cunoștere-emoțională, pentru a le angaja într-o altă acțiune la fel de ușoară.[36]

Vorbind despre activitatea pedagogică și film, putem să ne gândim la valoarea didactică, cunoscute în psihologie sub denumirea de societatea de învățământ. Un aspect este modelarea atitudinilor. Nu există îndoieli că multe din comportamente, cele de pro-sociale dar și cele anti-sociale, le învățăm observând personajele din filme. Comportamentul personajului principal acționează puternic asupra spectatorilor atunci când caracterul primește premiere sau recunoaștere în film, iar modelul este receptat ca fiind ceva pozitiv, iubit și respectat. Influența devine și mai mare atunci când spectatorul reușește să observe cu claritate asemănarea caracterelor și a proprietaților care îmbogățesc personajul principal cucele ale observatorului, dar și în momentul când observatorul se autorăsplătește pentru observarea acelor calități prezente în modelul afișat. Sunt observabile și diferențiate comportamentului modelului și în momentul unei acțiuni.este foarte important dacă are loc o imitare a personajului principal de către spectator, cum era moda în anii 1990 când cei mai mulți îl imitau pe *Rambo* și *Van Damme*. Oamenii învață mult mai eficace prin observare, așa se expică faptul că sunt foate multe analize și cercetări asupra influenței ecranelor (de cinema și televiziune) asupra comportamentului. Mediile audio-video se bucură de o mai mare încredere decât media tipărită.

Trebuie să precizăm elementul băuturilor promovat în pelicule. Dacă este să analizăm producțiile apărute în secolul trecut, putem observa o creionare a bărbatului adevărat. Pe lângă funcția utilizabilă, băuturile alcoolice au reușit să influențeze imagina

---

[36] Gillian Rose, *Visual Methodologies: An Introduction to Researching with Visual Materials*, SAGE, 2012.

bărbatului adevărat. Astfel, în concepţia generală, a fi bărbat înseamnă a fi capabil să bea alcool. De fapt, băutura a devenit un simbol al masculinităţii. Un bărbat adevărat, în toate filmele western în special, trebuia să ştie să tragă cu arma, trebuia să nimerească ţinta din prima, trebuia să ştie să utilizeze pumnul în încăierări, şi trebuia să bea, în mod regulat, cel mai adesea cu moderaţie. Totuşi sunt prezente momentele, când bărbatul se îmbăta, dar fără consecinţe grave. Mahmureala dispărea aproape instantaneu, şi îşi redobândea abilităţile specifice. Pe lângă bărbaţii adevăraţi, care ştiu să bea numai un pahar, apar în filme beţivii notorii şi cei care nu atingeau deloc băutura. În filmele de tip western, beţivii, în ciuda viciului lor, erau trataţi su simpatie, ca având inimă mare şi nobilă, fată de cei care detestă băuturile alcoolice, care erau imediat schiţaţi ca fiind eventuali oponenţi. Aceştia din urmă, erau prezentaţi în filme ca fiind persoane suspicioase. La fel ca şi în zilele noastre, cine nu serveşte un pahar de alcool, este catalogat ca fiind un ciudat, un suspicios. Aceşti tipi proveneau cel mai adesea din est, care nu ştiau să se adepteze valorilor celor din vest. Erau prezentaţi ca fiind rebuturi ale societăţii, până în momentul când serveau primul pahar de băutură alcoolică. Până atunci nu erau în stare să lupte cu vicisitudinile vieţii. După ce serveau alcool, erau automat integraţi în noua societate, abia atunci reuşeau să găsească siguranţa de sine, şi să devina normali.

Trebuie sa recunoaştem că filmul are un loc important şi excepţional din punct de vedere al mijloacelor didactice audio-vizuale. Filmul, are capacitatea de a reda într-un mod unic realitatea înregistrată formată din forografii de tip fidele, utilizând culori naturale şi vii, dar şi datorită posibilităţilor de a reda fără a afecta efectele şi tehnicile speciale. Arta de a învăţa utilizarea filmelor, în cazul psihologiei, poate fi inclusă în activităţile legate de analize. Aceste analize au menirea de a recunoaşte şi să evalueze categoriile de filme dacă sunt adevărate sau false ale diferitelor funcţii de tip profesionale, dar şi a imaginilor de grup sau organizaţii, precum si caracterul de creare sau de distrugere a miturilor sau a legendelor. Totodata au obligaţia de a trata filmul ca fiind o ilustrare a fenomenelor, proceselor, evenimentelor şi implicit a tuturor atitudinilor rezultate pentru a aprofunda cunoaşterea ştiinţei, sau care determina o schimbare ale comportamentului şi a attudinilor, atât din punct de vedere cognitiv cât şi emoţional. Trebuie să prezinte pe larg aspectele luate în discuţie, care sunt în afara conţinutului filmului, dar care afectează cunoaşterea spectatorului. Aici ar trebui să menţionăm operaţiile care influenţează pe spectator, persoana autorului/regizorului care influenţează forma, influenţele determinate de epoci dar şi factorii reprezentaţi de ştiinţa despre atitudini.

Filmul şi toate operaţiile care intră în formarea filmului, pot să îmbrace diferite forme. Este vorba de utilizarea instrumentelor şi tehnicilor care implică pelicula în sine. Am putea clasifica aceste tipuri. Primul tip este căutarea filmelor sau a fragmentelor care prezintă momentele cu probleme psihice. Crearea filmelor care analizează efectele psihologice, aici intrând şi procesul de redare. Vizualizarea filmelor şi mai ales a fragmentelor, în special de studenţii de la psihologie, fără a observa anumite personaje, evenimente sau fenomene, poate determina o sursă empirică substitutivă. Având în vedere adevărul şi falsul, cinema-ul ne permite să experimentăm pericole care nu reprezintă nici un risc pentru noi. Ele pot fi experienţe care sunt create pe mituri, imagini denaturate etc. De asemenea, se pot juca anumite scene din filme, care permit o analiză mai profundă a personajelor, şi reprezintă o formă interesantă de lucru în grup, cu un risc mai ridicat.

Din punct de vedere al didacticii psihologice, dintre elementele enumerate mai sus, cea mai importantă este a treia. Pentru că timpul este limitat aprofundării concretelor, se poate propune participanţior să cunoască mai îndeaproape materialul fie înainte, fie după ore. Participanţii pot să îndeplinească cerinţele îninte, în timpul sau după vizionarea materialului propus. Apoi urmează cerinţele, întrebările şi fragmentele care direcţionează atenţia celor prezenţi asupra materialului vizionat, dar şi aprofundării. Cel mai important este că noi singuri trebuim să ştim ce dorim să atingem, care este de fapt scopul nostru didactic. Filmul poate oferi exemple pentru teoria enunţată, care de cele mai multe ori este o teorie aspră, dar mai ales are menirea de a începe temele de discuţie.[37]

Privitor la disccuţie, trebuie mereu de avut în vedere atitudinea <u>fundamentală ca să despărţim</u> conţinutului de interpretare. Aşadar

[37] Gillian Rose, *Visual Methodologies: An Introduction to Researching with Visual Materials*, SAGE, 2012.

se cuvine mereu să ne întrebăm, ce anume vizionăm, apoi, ce care este valoarea semnificativă a ceea ce vizionăm. Este interzis ca să enunțăm în timpul discuției, a părerii noastre, ca să fie acceptată de ceilalți. De aceea este necesar ca să despărțim partea discuțiilor de cea educativă. Mereu după discuții poate să urmeze o mică oră de tip pedagogică inclusiv o prezentare. Intepretarea este rezultatul vizionării, și mereu acompaniază vizionarea.[38]

Adevărul este că singura diferență existentă între supraînterpretare și recepția înțeleaptă este reprezentat de un argument solid și concret. Totuși trebuie să avem grijă cu abordarea de tip contemporană, care a eliminat conceptul de supraînterpretare. Cele mai noi apropieri de tip științifice dedicate vizualizărior nu abordează discuțiile care ar trebui să analizeze intenția autorului. Modul de creare a filmului explică și funcționalitatea lui, iar semificația care ține de contextul vizual este mult mai importantă și mai largă decât intenția autorului. Din punctul de vedere al stabilirii semnificației în detrimentul autorului, modul de crare și redarea, sunt mult mai importante. Însă publicul are propriul punct de receptare, cu o știință diferită, care le permite să-și creeze propria semnificație sau însemnătate.

Rămânem să ne întrebăm dacă filmul și cinema-ul în sine este doar o satisfacere a plăcerii și a divertismentului, sau este o misiune într-însa? Cea mai mare parte a celor care merg la cinema-uri, merg numai ca să se distreze, să se „rupă" de problemele zilnice, să se afunde în plăcerile oferite de fabule, sau să se angajeze activ în filmele de horror, ca să se sperie. Tot ei sunt cei care vor enunța afirmații privitoare la menirea artei cinematografice, despre propagarea valorilor nobile și pozitive prin intermediul ecranelor, și mai ales despre necesitatea „plăcerilor greu de atins".[39]

Rămâne singuri să deducem dacă avem de a face cu jumătate-jumătate. Avem nevoie și de necesitatea de a ne învăța prin intermediul experimentării. Știm că toate procesele de tip

---

[38] Bluestone, Cheryl, *Feature film as a teaching tool*. „College Teaching", 2000, 48, 142-146.

[39] Hobbs, R., *Teaching with and about film and television*, „Journal of Management Development", 1998, 17, 259-272.

emoționale însoțesc procesele de tip intelectual-cognitive. Totodată, indiferent de imaginații și concepții, avem de face cu o judecată de reflecție condiționată despre filme, indiferent de etapele de dezvoltare ale filmului. Când avem de a face cu filmele de comedie, afirmăm că peliculele au menirea de a oferi distracție.[40]

Sunt cei care afirmă că filmul în sine este o industrie care se dezvoltă, dar în același timp, este și o artă desăvârșită. Producțiile pot fi utilizate pentru a atrage atenția spectatorilor și pentru a descrie mai bine subiectul în sine, dar pot fi și o modalitate de a invita la o abordare de tip analitică, asemănător criticii literare, pentru a anliza și explica evenimentele, pentru a discuta despre perspectiva referitoare la interpretare ale acțiunilor personajelor. Utilizarea filmelor fabulare permit observarea condiționarea, contextul sau mediul. Toate acestea permit extragerea unei concluzii de tip pedagogic, dar și posibilitatea de gândire critică, mult mai fundamentată decât manualele sau chiar și filmele de tip educativ.[41]

Se pare că noua generație este destul de activă, și destul de doritoare de acțiune. Se pare că se dorește o intensificare a interacțiunii și a participării în cadrul arealului cultural. Dacă până acum, erau puțini care dețineau dispozitive care făceau posibilă acceasarea rețelei de internet, în zilele noastre, aproape toți au dispozitivele mai sus menționate, și jocurile pe computer și celelalte dispozitive duc la necesitatea de a interacționa foarte activ în roluri dar și în întregul areal dedicat învățării. Așadar observarea poate fi înlocuită cu căutarea dar și cu evaluarea a ceea ce a fost mai nou descoperit. O parte din responsabilitate poate fi lăsată studenților care au ca temă să găsească fragmentele cerute, dar și să prezinte filmele, care fac referință la o temă dată.[42]

Trebuie sa amintim faptul că modul de învățare sau chiar și

---

[40] Zebrowitz, L.A., McArthur, L., Baron, R., *Toward an Ecological Theory of Social Perception*, „Psychological Review", 1983, Vol 90, No. 3, 215-238.

[41] Ludy T. Benjamin (Ed.), *A history of psychology: Original sources and contemporary research*, New York; McGraw-Hill, 1997.

[42] Jan Van Dijk, *The World of Crime: Breaking the Silence on Problems of Security, Justice and Development Across the World*, SAGE, 2007, 295.

experimaantarea fie ea iconică sau simbolică, nu stimulează un angajament de tip activ în media menționată deja. Adevărul este că adevăratul învingător este pasivitatea legată de recepție. Putem face un mic exercițiu simplu: câți din oamenii cu care interacționăm noi, sunt mai dispuși să citească decât să scrie? Câți dintre ei preferă să asculte decât să vorbească? Câți preferă să urmărească decât să prezinte ei înșiși ceva care să-i determine o implicare de 100%? Se pare că mass-media de ultimă generație perpetuă non-angajamentul mass-mediei din secolul trecut.

Se pare că răspusnul oferit de psihologie la cele doua curente prezentate mai sus ar fi unul de tip contradictoriu, dacă se ia în considerare diferențele individuale, dacă se urmărește oferirea unui răspuns la nevoile de grup sau la scopuri concrete, la utilizarea diferitelor tehniici și instrumente atât în ceea ce privește individul cât și grupul. Din punct de vedere al psihologiei, victoria modului de tip pasiv este foarte important, de asemena și din punct de vedere al miturilor de tip psihologic, incluse în anumite filme.

Pentru ca filmul și psihologia să aibă o relație de tip parteneriat, atunci ele, trebuiesc mereu apropiate, trebuie mereu să înțeleagă una pe cealaltă, dar trebuie și un angajment în această relație. În caz contrar, va fi un parteneriat de tip „stimă" și nimic mai mult. Trebuie sa recunoaștem că filmul cnține un potențial pentru a satisface celalalte tipuri de relații, cu alte științe. Filmul permite o reducere a distanței dacă vorbim despre anumite tematici, elimină distanța dintre oameni, și poate determina o intensificare a dialogului și a gândirii. Filmul în sine este o apropiere care permite contactul, și în același timp învinge teama de străin, dar și frica în sine.

Pentru o colaborare între film și psihologie, trebuie de îndeplinit pașii următori. Este nevoie de o relație bilaterală care implică respect pentru film, ca fiind o știință separată. Această relație are un caracter activ, deoarece implică știința despre psihologie dar și aplicarea științei psihologice. Această relație poate face referință la omul de știință-psihologul care cercetează, și care face uz de toate metodele și instrumentele oferite de această știință pentru a cerceta, experimenta și analiza impactul filmului asupra spectatorului. Acest mod de lucru implică discuțiile referitoare la emoții, sentimente dar și cele care țin de convingeri, și care determină o cunoaștere sigură despre știința psihologiei. Așa cum a fost afirmat şi în Lie to me, este foarte important să nu separăm emoţiile de ştiinţă şi nici de cuvinte, deoarece emoţiile pot fi ancorate adânc în procesele cognitive. În ceea ce priveşte amalganul de informaţii este foarte important însemnătatea rolului celui care alege conţinutul, care devine aşa-numitul filtru, care face legătura dintre diferitele informaţii, dar care poate reuşi să le interpreteze din limbajul ştiinţific în limbaj înţeles de auditoriu, ţinând cont de faptul că popularizarea nu provine din expunere de tip primitivistă.

Încă din cele mai vechi timpuri omul a simţit nevoia să documenteze viaţa cotidiană. Cu trecerea timpului, şi totodată cu dezvoltarea tehnicilor, s-a modificat şi modul de documentare. Aşadar de la desenele rupestre, s-a trecut la scrierea cuneiformă, apoi la hieroglife, apoi cronicile, iar mai nou, fotografiile şi filmele. Toate aceste elemente conţin informaţii de tip istorice. Până la apariţia filmului, toate celelalte erau lipsite de mişcare. Apariţia filmului a determinat o nouă eră de a înscripţiona istoria. Filmul a determinat şi o abordare a caracterului de percepţie. Mişcarea în cadrul câmpului vizual permite o observare mai precisă a proprietăţilor absolute cum ar fi distanţa relativă în raport cu un obiect. Aşadar obiectele situate la distanţă se pot apropia sau depărta mai greu faţă de obiectele amplasate în plan apropiat. Această interdependenţă poate fi observată dacă se priveşte prin parbrizul unei maşini sau geamul lateral. De exemplu, ceea ce se află în faţă se mişcă relativ încet în comparaţie cu obiectul observat prin geamul lateral. Distanţa parcursă îndeplineşte rolul de indicator vizual care permite o delimitare a unei distanţe între obiectele care se află în câmpul vizual. Aşadar, putem aprecia care dintre obiecte ne este nouă mai aproape. Acest fenomen apare şi în situaţia când obiectele din câmpul vizual sunt statice, iar cel care se află în mişcare este observatorul. Totul se poate schimba în cadrul acestui fenomen: se poate crea impresia că Luna, în comparaţie cu observatorul de pe Pământ, se mişcă fie prea repede, fie se opreşte, sau, că merge retrograd. Omul receptează lumea şi realitatea prin simţuri. Totuşi percepţia nu are numai un caracter senzorial, ci şi motric. Subiectul este sensibil la mişcare şi efectuează miscări de tip explorativ-cognitiv. Mişcarea obiectelor din proximitatea câmpului vizual este de fapt o proprietate primordială. Mişcarea poate confirma teoria de prioritizare a selecţiei observative, ceea ce sugerează, că poate stabili o caracteristică de tip prioritar care poate accelera etapele de integrare. S-a observat că datorită mişcării, se poate amplifica plinătatea mesajului. În acest fel, evoluţia mass-mediei a fost obigată să reînvie imaginilor de tip static. Filmul oferă posibilitatea de a opri timpul, şi de a imortaliza evenimentele. Filmul face posibil păstrarea pentru viitoarele generaţii a evenimentelor plăcute şi mai puţin plăcute, pentru generaţiile viitoare. Aşadar, generaţiile viitoare vor înţelege pericolul reprezentat de ideologii, de lagărele de concentrare naziste, de crimele împotriva umanităţii făcute de germanii care îl susţineau pe Hitler. Filmul permite păstrarea dar şi redarea acestor evenimente tragice. Datorită filmului se poate deduce stilul de viaţă din trecut, cu toate informaţiile caracteristice: modul de viaţă, activităţile de lucru, luptele pentru supravieţuire, dar şi modul de relaxare, modă etc.[43]

Pe parcursul anilor nu numai că s-a dezvoltat modul de redare al informătiei, dar s-au dezvoltat şi modul de receptare al informaţiilor transmise. Putem în consecinţă să afirmăm că avem de a face cu receptori pasivi şi cu cei care au convingerea că mass-media oferă o imagine a lumii. Receptorul pasiv primeşte informaţiile oferite aşa cum sunt ele. Acest tip de receptor nu face alte operaţiuni înafară de a recepta informaţiile. Dacă vizionează ceva, devine un observator ca la galeriile de artă, contamplând arta în sine, fără nici o critică. Ca exemplu, ptem invoca conflictul Transnistrean, când publicul din România nu a fost în stare să se pronunţe, sau chiar mai recent, ocuparea Crimeei de către Rusia. Toţi au acceptat ceea ce spuneau reporterii de la televiziuni.[44]

Al doilea tip de receptori sunt, aşa cum am menţionat, cei care acceptă totul ca fiind o imagine realistă a lumii. Imaginea receptată de aceştia este un fel de uşă care permite receptarea lumii. Filmul vizionat este la fel de real ca şi lumea în care trăieşte. Se simt ca fiind martori la toate producţiile, inclusiv cele de tip fabular, şi le consideră ca fiind adevărate.[45]

[43] Treisman, A.M., Gelade, G., *A Feature-Integration Theory of Attention.* „Cognitive Psychology", 1980, 12, 97-136.

[44] Murphy, S.T., Zajonc, R.B., *Affect, Cognition, and Awareness: Affective Priming With Optimal and Suboptimal Stimulus Exposures,* Journal of Personality and Social Psychology,1993, Vol. 64, No. 5, 723-739.

Trebuie de avut mereu în vedere principalele informații oferite de psihologia cognitivă. Știința care analizează procesele cognitive a fost mereu încadrată în mesajele filmelor. Regizorii au mereu în vedere impactul asupra spectatorilor. Deseori au apărut manipulări ale spectatorilor, recurgând la ideile de bază ale psihologiei, în special la ideile fundamentale ale psihologiei cognitive și modul de comportament al spectatorului. Ceea ce a fost elaborat de psihologi pe parcursul anilor, este utilizat cu succes în celelalte domenii, inclusiv în doemniul filmelor.

Datorită proceselor cognitive, omul ierarhizează și interpretează toate informațiile obținute prin intermediul simțurilor, și totodată poate înțelege mediul în care trăiește. Percepția mediului înconjurător acționează asupra gândurilor, necesităților și asupra motivelor. Această cunoaștere care a crescut pe fundamentul oferit de psihologia cognitivă are o aplicare largă, în aproape toate domeniile. Este responsabilă pentru organizarea și ierarhizarea câmpului de percepție, creează situații atractive pentru simțuri, mai ales în cadrul spoturilor publicitare.[46]

Realitatea externă este receptată de simțurile noastre. Omul a fost înzestrat cu văzul, auzul, gustul, pipăitul și mirosul. Din toate simțurile, primele trei sunt cel mai des utilizate. Conform teoriei de asociere, prin combinarea mai multor impresii care provin din diferitele simțuri, apar observațiile. Cu cât mai multe simțuri sunt implicate în procesul cognitiv, cu atât cunoașterea este mai complexă. Nu orice tip de mesaj poate avea în stimuli care să acționeze asupra receptorilor noștri. Conform teoriei de asociere, orice lipsire a oricărui comunicat, de stimuli, poate produce modificarea modului de receptare. În acest caz, teoria de asociere accentuează importanța particulară în raport cu întregul. De asemenea subliniază impresiile în raport cu observațiile. Procesul care determină observațiile este relativ simplu. Conform teoriei asociative, este vorba de însumarea tuturor impresiilor receptate.

[45] Goldstein, B.E., *Encyclopedia of Perception*, SAGE Publications: Thousand Oaks, 2010.

[46] Corbett,M.J., *Towards neuroscientific managment? Geometric chronophotography and the thin-slicing of the labouring body*, „Managment & organizational history", 2008, Vol. 3(2), 107-125.

Este un proces care are loc la nivel individual şi nu ia în calcul rolul reprezentării ale simţurilor în procesul de percepţie, în vreme ce această concepţie este supusă criticii.

În mesajul filmelor putem deosebi stimulii vizuali şi cei auditivi. Avem de a face şi cu modul de învăţare. Aşadar avem pe cei care ascultă, pe cei care privesc şi pe cei senzitivi. Cei care se bazează pe auz, un rol important îl are sunetul. Ei înţeleg mai bine şi pot reţine informaţia auzită, în timp ce cei la care primează văzul, rolul important este imaginea, ei vizualizează datele. Ultima grupă este formată din persoanele care se angajează. Totuşi este o operaţiune relativ simplă pentru a analiza modul de învăţare, pentru că în cadrul filmului stimulii audio şi vizuali măresc probabilitatea de a acţiona asupra spectatorului. Simţul vizual conţine în sine mai multe informaţii decât se condidera înainte. Subiectul are capacitatea de a observa toate obiectele, dar poate deduce şi proprietăţile, înţelegând totodată că ele pot declanşa un efect cauzat.[47]

Ceea ce vedem nu este o redare fidelă a proprietăţilor obiectului sau a evenimentelor. Se întâmplă ca din cauza jocurilor de culori creierul nostru să fie indus în eroare, ceea ce determină o enunţare şi interpretare greşită a imaginii. Psihologia cognitivă afirmă că dacă un fragment observat de noi este diferit de realitate, sau cu concordă cu realitatea, atunci am căzut victime iluziei optice. Adevărul este ca mereu inexplicabilul i-a fascinat pe oameni. Toata lumea era fascinată de David Copperfield şi tricurile sale care ne-au uimit. Care este secretul? Am putea oferi un răspuns dat de teoria amorfă a observării de tip cognitive. Această teorie este asociativă şi vorbeşte despre primatul întregului asupra particualrităţii, şi în consecinţă, contrazice teoria asociativă. Psihologii care susţin această teorie afirmă că însumarea impresiilor nu poate fi explicată prin intermediul procesului cognitiv, deoarece întregul reprezintă mai mult decât particularităţile. Argumentele invocate sunt fenomenele mişcării aparente, cum ar fi în cazul filmului şi observarea constelaţiilor, care este un proces mai uşor decât observarea unei stele anume din

---

[47] Corbett,M.J., *Towards neuroscientific managment? Geometric chronophotography and the thin-slicing of the labouring body*, „Managment & organizational history", 2008, Vol. 3(2), 107-125.

acea constelație.[48]

Conform acestei teorii, s-a făcut un mic experiment. Acest experiment consta din observarea a două lumini care clipeau imediat una după cealaltă, dar la distanțe diferite. Acele luminițe au fost identificate ca fiind numai o luminiță care își schimba poziția. Acest fenomen a fost observat pentru prima dată de Max Wertheimer. El a încercat să verifice mișcarea acolo unde tocmai lipsește mișcarea. A utilizat stroboscopul, un aparat premergător camerelor de filmat. Acest aparat proiectează rapid o serie de imagini, ceea ce creează de fapt imaginația apariției unei mișcări. Acest efect este utilizat în desene animate, unde imaginile statice sunt afișate rapid și creează iluzia de mișcare. Prezentarea a 24 de imagini pe secundă, creează impresia că acele imagini prind viață, și în consecință lasă impresia că se mișcă. Mișcarea observată de noi, nu se petrece în film, ci este creat în mintea noastră.[49]

Primul care a descris mișcarea imaginară creată de mintea umană a fost Joseph Antoine Plateau. Impresia opririi obiectelor aflate în mișcare, poate fi observată la teatru, unde avem impresia mișcării de tip saltic al personajelor sau al obiectelor utilizate. De altfel stroboscoapele sunt utilizate în discoteci, pentru a determina o exclusivitate folosind imaginile mișcătoare, dar și în filmele de groază.

Max Wertheimer a evidențiat câteva reguli de bază conform cărora sistemul nostru cognitiv care face separații în procesul observării tuturor proceselor pe care le angajăm în cunoaștere. Această totalitate ale întregului este definită ca fiind o figură, în vreme ce elementele celelalte creează contextul sau imaginea de fundal. Referitor la tematica filmului figura reprezintă personajul principal, care este carismatic, mereu se află în prim plan și se deosebește de celelelate personaje. Ceilalți actori, în speciali cei care afișează un caracter static, reprezintă un element adițional, sunt de fapt elemente care compun imagine de fundal. Ei pot fi observați mai cu claritate doar dacă re-vizionăm pelicula.

---

[48] Ekroll, V., Faul,F., Golz, J., *Classification of apparent motion percepts based on temporal factors*, „Journal of Vision", 2008, 8(4) 31, 1-22.

[49] Erving Goffman, *The Presentation of Self in Everyday Life*, Peter Smith Publisher, Incorporated, 1999.

Separarea personajului de contextul dat este un proces spontan datorită regulilor care acţionează în mod automat. Personajul principal poate fi constituit şi de elementele date care alcătuiesc contextul, aşa-numita regula apropierii, sau elementele similare, conform regulei de asemănare. În cadrul organizaţiilor câmpul de percepţie ale individului este dată de regula perpetuării care arată caracterul comun al elementelor observate, sau regula concluzionarea. Obiectele care se mişcă într-o singură direcţie cu o mişcare uniformă sunt observate de noi ca constituind un tot unitar. Ca exemplu ne putem referi la şofat: observăm un singur şir de măsini care merg toate în aceeaşi direcţie. Nu observăm maşinili ca fiind elemente singulare. Conform acestei reguli, nu obervăm particularităţile specifice, iar elementele observate parţial, le observăm ca fiind un întreg. Din cauza tendinţei creierului nostru care doreşte mereu realizarea unei concluzionări putem direcţiona percepţia spectatorului în aşa fel încât să recepteze anumite informaţii în modul propus de noi. Acest fenomen are loc în timpul unei expuneri/prezentări mai ample, cu o rată foarte ridicată, dar şi cu un bagaj mare de stimuli care determină atenţia receptorului spre „drumul" propus de noi. Aceste elemente sunt utilizate la maxim de către iluzionişti.[50]

Se poate observa că după anii 1990, au început să apară producţii de tip fabular. În perioada post-modernistă, când totul este raţional şi avem un progres tehnic deosebit, putem observa dorul omului după fantastic şi supranatural. Aşa au apărut filme precum *Hercules*, *Lord of the Rings* sau mai nou *Game of Thrones*. Avem de a face cu magicieni, vampiri, dragoni, strigoi şi vampiri care trăiesc printre noi, şi care atrag atenţia spectatorilor. Putem să ne amintim cum oamenii aşteptau cu nerăbdare apariţia următoarelor părţi ale lui *Matrix* sau *The Lord of the Rings* sau *Madagascar* şi *Ice Age*. Tehnica se dezvoltă continuu, aşadar avem de a face şi cu dezvoltarea efectelor speciale, şi datorită efectelor 3D, spectatorul participă mai activ la vizionarea filmelor, receptează ca fiind ceva normal ca personajele din filme să sară peste elefenţi, să zboare pe dragoni şi să se învârte cu o mişcare de 360 de grade, sau apariţia personajelor de tip vârcolaci, strigoi etc.

[50] Max Wertheimer, *On Perceived Motion and Figural Organization*, MIT Press, 2012.

Filmele ne introduc în lumea iluziilor optice, ceea ce determina să fie din ce în ce mai atrăgătoare pentru spectator. Sunt multe filme care arată modul de funcționare al omului, indiferent de situația materiala sau psihică. Spectatorul-receptorul participă la fiecare pas al personajului principal, în viața cotidiană, și primește tot ce este afișat pe ecran, ca fiind întâmplări adevărate. Surprinderea este cu atât mai mare când spectatorul află că realitatea în care trăia personajul principal este o lume fantastico-fabulară care întovărășea boala de care suferea, fiind de fapt un efect secundar al bolii sale.[51]

Am putut observa de mai multe ori că spectatorul a rămas prins în mediul prezentat de regizor. Toate tipurile de comedii romantice au un impact foarte puternic asupra spectatorului, determinând emoții puternice privitoare la dorul de partenerul ideal, de relații sau inclusiv de viață. Adevărul este că astfel de filme mereu au un sfârșit optimist, chiar fericit, ceea ce determină în spectator sentimentul nostalgiei, că nu poate îndeplini visurile și năzuințele sale. Filmul se oprește brusc și nu mai arată ceea ce se petrece mai târziu. Nu știm când apare eventuala ceartă, ce se întâmplă după ce dispare mreaja iubirii. Știm doar că iubirea adevărată este mereu învingătoare, sau că ar trebui să învingă. Victimele filmelor romantice sunt idealiștii și cei care au suferit din cauza iubirii. Ca exemple de tip extremiste, putem da ca fiind telenovelele, fie ele de tip sudamerican sau turcești, care atrag foarte mulți spectatori. Aceste tipuri de producții determina pe spectatori să vizioneze în mod activ, dar și să sufere alături de personaje. De multe ori am auzit cum oamenii se întrebau „oare X află că Y...?". aceste seriale permit spectatorilor să experimenteze o gamă largă de emoții, emoții care le lipsesc în viața cotidiană...

---

[51] Isemonger, I., Sheppard, Ch., Learning Styles,"RELC Journal", 2003, nr 34 (2), 195-222.

5 – SUBCONȘTIENT SAU ALTCEVA?

Observarea reprezintă una din cele mai fundamentale funcții cognitive ale omului. Aceste funcții permit organizarea mediului încojurător prin analiza obiectelor și a evenimentelor care apar în acest mediu. Legea psihofizicii indică existența unui prag/moment al sensibilității senzoriale, care indică mărimea minimă a stimulului, care determină în individul concret o reacție de observare a fenomenului dat. Privitor la nivelul simțului determinat, care induce separarea informațiilor receptate de observația subiectului și cele care sunt imposibile de observat, avem de a face cu fenomenul percepției subliminale. Cercetările arată că stimulii prezentați sublimitei sensibilității senzoriale are un caracter surprinzător privitor la influența comportamentului sau chiar privitor la atitudinea individului. Informațiile care se află înafara arealului controlului conștient sunt receptate de subiect sau mai mult, pot acționa în comportament. Se pot observa două tipuri de influențe în raționamentul celor două praguri; fiziologic și conștient. Fenomenul percepției subconștientizate duce la receptarea stimulilor care se află la nivelul superior al pragului fiziologic al sensibilității senzooriale, însă nu depășesc limita pragului al percepției conștiente.[52]

Mereu stimulii subliminali au reprezentat o tematică atractivă pentru cei care manifestă o tendință de a manipula pe receptor.

[52] Goldstein, B.E., *Encyclopedia of Perception*, SAGE Publications: Thousand Oaks, 2010.

Deja în anul 1957, James Vicary a făcut un experiment utilizând stimulii subconștientului. Într-un cinema a redat o peliculă, cu câteva cadre foarte scurte, de câteva secunde, cu mesaje de genul bea Coca-Cola și mănâncă popcorn. Imaginile prezentate aveau caracterul să determine pe spectatori să cumpere tocmai acele produse. Chiar dacă James Vicary a susținut că acțiunea întreprinsă a determinat o creștere a vânzărilor ale materialelor prezentate, totuși cercetările ulterioare nu au reușit să confirme acest lucru.[53] S-a interzis utilizarea stimulilor subconștientului cu scop publicitar.[54]

Un astfel de comunicat a fost utilizat în cadrul campaniei lui G.W. Bush împotriva candidatului Al Gore. În timp ce era prezentat programul de guvernare a lui Al Gore, pentru câteva momente, maxim o secundă, apare în peliculă *Rats*.[55]

Convingerea despre puterea sugestiei de tip subconștientual s-a putut observa reliefată și în alte filme. În *Duble Exposures* din filmul serial Colombo, este prezentat specialistul de publicitate cum editează un scurt film cu tentă subconștientuală. Acest fil îi permite să ucidă mai ușor, dar îi oferă și un alibi foarte puternic, care mereu îl salva.[56]

Influența stimulilor subconștientuali asupra comportamentului individului a fost cercetată numai în laboratoare. în lumea externă, avem de a face numai cu stimuli periferici. Câmpul de atenție de tip conștient este destul de limitat. Omul este capabil să se concentreze la numai câțiva stimuli simultan. Celelalte semnale

---

[53] Corbett,M.J., *Towards neuroscientific managment? Geometric chronophotography and the thin-slicing of the labouring body*, „Managment & organizational history", 2008, Vol. 3(2), 107-125.

[54] Isemonger, I., Sheppard, Ch., *Learning Styles*,"RELC Journal", 2003, nr 34 (2), 195-222.

[55] Murphy J, Laird, N, Monson R,. *A 40-year perspective on the prevalence of depression*, "Archives of General Psychiatry" 2000, 57, 209-215.

[56] Smitsman, A.W. *Affordances and the Practice of Industrial Design Engineering: Comments on Smet's Presentation*, „Ecological Psychology", 1995, 7 (4), 375-378.

care provin din mediu se află de fapt în afara atenției lui. Aceste elemente pot fi observate numai de om. Stimulii care ajung la om, dar au proveniență indirectă, dar acționează asupra lui într-un mod neobservat, sunt încadrate ca fiind stimuli de tip periferic. Cel mai adesea, campaniile publicitare conțin cei mai mulți stimuli de acest gen. Acești stimuli utilizați au rolul de a determina pe receptor să cumpere. De altfel, avem de a face și cu mesajele ascunse în serialele de televiziune. De multe ori am observat utilizarea anumitor produse pentru a curăța sau găti, fie tipul de ulei care se toarnă în mașina celebrului actor Jason Statham în cadrul filmelor Transporter sau chiar trimite cu FedEx. O astfel de informație oferită în mod „involuntar", care nu este neaparat observată de spectator, poate avea o influență mare în timp ce spectatorul respectiv se află la cumpărături, mai ales dacă acel film face parte din categoria cele mai iubite sau personajul principal este unul foarte îndrăgit. Pentru că câmpul nostru este limitat, și nu toate informațiile sunt receptate în mod clar și conștient, stimulii periferici determină o varietate și o completare a mesajului transmis în film.[57] Acești stimuli introduc pe spectator în dispoziția necesară, determină ca atenția lui să fie indusă în direcția propusă de narațiune și influențează în ceea ce privește receptarea și angajarea în receptarea filmului vizionat. Toate elementele, adică hainele, mediul și muzica determina modul în care spectatorul recepționează filmul.[58]

Filmul și spectatorul

Un element foarte important care influențează importanța mesajului transmis prin intermediul filmului care să influențeze pe spectator, este structurarea timpului omului modern. Acesta este timpul rezervat pentru orele de prime-time și timpul liber. În timpul zilei, omul obișnuit arc un timp limitat dc timpul rczcrvat muncii și alte îndeletiniciri. Administrarea timpului liber și timpului destinat muncii reprezintă o provocare necontenită pentru

---

[57] Corbett,M.J., *Towards neuroscientific managment? Geometric chronophotography and the thin-slicing of the labouring body*, „Managment & organizational history", 2008, Vol. 3(2), 107-125.

[58] Goldstein, B.E., *Encyclopedia of Perception*, SAGE Publications: Thousand Oaks, 2010.

cineaşti. Astfel apar diferite producţii de lung şi curt metraj, cu scopul de a atrage spectatorul în aşa fel încât să acorde cât mai mult din timpul liber. Creaţia în sine nu este deja un succes garantat. Garantarea succesului este dat de numărul mare de spectatori-receptori.[59]

Pentru ca individul să poată observa ceva în mod conştient, acel ceva trebuie să fie evidenţiat în aşa mod încât să se facă remarcat. În ciuda aparenţelor, fapt este unul foarte complicat şi foarte dificil. În ciuda afluenţelor de stimuli, oferiţi de lumea exterioară, sunt numai câteva elemente de tip informativ care sunt receptate, analizate şi prelucrate. Atenţia este filtrul care selectează informaţia care să ajungă la noi. Această atenţie este definită ca fiind un mecanism care reduce surplusul de informaţii, sintetizând acea informaţie. Mai explicit, este structura care decide selectarea tuturor datelor care ne este transmis, menţine controlul activităţilor exercitate, dar şi distribuirea energiei mentale necesare pentru îndeplinirea conformă şi corectă. Datorită atenţiei o informaţie poate fi receptată şi memorată de noi. Esenţial este, mai ales, selectivitatea atenţiei. Mai exact, este vorba despre concentrarea asupra stimulilor importanţi, dar şi eliminarea celorlalţi stimuli care nu sunt necesari. Acest tip de mecanism de selectare poate fi observat în momentul când un film dat este vizionat pentru prima oară, sau este vizionat pentru a doua oară. În momentul când un film este vizionat pentru prima dată, cel mai adesea ne concentrăm asupra acţiunii principale, şi urmărim actorii care sunt prezentaţi în prim-plan. Din când în când reflectăm, ce am putea să spunem câte ceva despre peisajele oferite în film. De cele mai multe ori, le receptăm ca finnd doar un simplu fundal, un element auxiliar pentru acţiunea principală. De altfel suntem mult mai sensibili la scrisul care apare pe ecran decât la elementele în sine, mai ales dacă filmul este subtitrat. Oare câţi din noi ar fi în stare să recoamnde unui locuitor din Samoa un film românesc care să prezinte în totalitate România? Aveţi vreo sugestie? Abia după o re-vizualizare a filmului dat, putem fi asiguraţi de anumite elemente, şi abia atunci putem să enunţăm că am ajuns să cunoaştem acel film mai bine. Deseori suntem uimiţi că abia la a

[59] Bevan, W., *Perception: Evolution of the concept,* Psychological Review", Vol. 65, No. 1, 1958,34-35.

doua vizualizare, observăm anumite scene care se petrec în fundal, iar acele elemente de tipul planului doi, reprezintă o plinătate a acțiunii pricipale.[60]

Privitor la limitarea atenției umane, s-a realizat un film, în care protagoniștii erau întrebați dacă poartă ceasuri de mână. Dacă răspunsul era afirmativ, erau întrebați cât e ora. Apoi, interlocutorul, după ce a primit răspunsul, adăuga că de cele mai multe ori oamenii nu acorda importanța anumitor detalii, și în consecință erau rugați să descrie ceasul pe care îl poartă. Puțini erau conștienți, chiar dacă purtau acel ceas de mână timp de câtiva ani, să precizeze dacă ciferele de pe ceasul de mână aveau cifre romane sau arabe, sau dacă aveau liniuțe în dreptul sferturilor de oră și oră.[61]

Formele de redare a mesajelor din mass-media au devenit din ce în ce mai complexe și tot-odată receptorii au devenit din ce în ce mai pretențioși. Regizorii au o meserie foarte dificilă, deoarece trebuie să „facă rost de spectatori”. Una din tehnicile de a trezi interesul receptorilor cu cele mai noi producții este crearea de trailere ale filmului respectiv, iar mai nou, au început să se creeze trailere și pentru emisiunile TV. Sunt selectate cele mai interesante părți și scene, așezate într-un mod foarte complicat pentru a nu trăda subiectul principal, dar pentru a trezi dorința spectatorului de a viziona noua producție.

Se poate vorbi de acțiunea regulii ierarhice, prin referirea la informații care pot fi reținute mai ușor. De obicei, efectul de ierarhizare, care este considerat cel mai important, se leaga de memoria de lungă durată, și nu dispare din cauza unei realtive amânări din punct de vedere al timpului liniar, rămâne ca o constantă în memorie. Așadar trailerul sau episodul de tip pilot, este un element care oferă informații auxiliare, și poate fi mai bine reținut de către receptor. Dacă această receptare este una pozitivă, determină apariția motivării de a viziona întregul film.[62]

---

[60] Goldstein, B.E., *Encyclopedia of Perception*, SAGE Publications: Thousand Oaks, 2010.

[61] Max Wertheimer, *On Perceived Motion and Figural Organization*, MIT Press, 2012.

Trailerele au ca scop de a atrage atenția dar și determinarea procesului de gândire, pentru a induce starea necesară de tip comportamental, adică de a viziona filmul cu orice scop. Determinarea interesului în rândul spectatorilor corelate cu starea de insuficiență creată de lipsa prezentării sfârșitului în trailer, sau eventual al unei informații despre sfârșit creează determinarea de a-și satisface curiozitatea de a afla totul. Astfel putem observa acțiunea mecanismului descris de Bluma Wulfovna Zeigarnik, un psiholog și psihiatru sovietic. Efectul observat de Bluma Wulfovna Zeigarnik era ca mai bine se ține minte propozițiile neterminate. Această tendință de amintire ține aproximativ douăzeci și patru de ore. Necesitatea resimțită la început de a termina propoziția, a fost explicată referitor de implicarea satisfacerii și a simțului de împlinire. Munca/serviciul efectuat în mod pozitiv, nu va dăinui mult în memoria noastră, dacă efectul acestei munci nu ne-a mulțumit pe noi înșine. Dimpotrivă, necesitatea de a termina activitatea începută, va dăinui în mintea noastră (cel mai adesea în subconștient rămâne un examen extrem de dificil). Efectul Ovsiankina, adică tendința de a termina o activitate care a fost întreruptă, indică faptul că natura umană are nevoie de a duce la final activitatea începută. Ca exemplu aplicat al acestei științe în practică sunt serialele de televiziune. Majoritatea spectatorilor sunt enervați de faptul că un episod se oprește brusc, tocmai în momentul culminant. Cei mai mulți nu remarcă faptul că acest mod este efectul dorit de regizori, iar scopul propus este ca să intensifice interesul pentru episodul următor, luând în considerare dorința omului de a-și satisface curiozitatea.[63]

Pe fundamentul oferit de informațiile disponibile nouă, știm că oamenii construiesc un plan, o schemă. Mai direct, omul creează o schemă care are rolul de a simplifica imaginea relaității. Schema de tip cognitivă este cunoașterea și experiența codate în memorie.

---

[62] Pandelaere, M., Millet, K., Van der Bergh, B., *Madonna or Don McLean? The effect of order of exposure on relative liking.* „Journal of Consumer Psychology", 2010, 20 (4), 442-451.

[63] Rumelhart, D.E., Schemata: *The building block of cognition,* R. Spiro, B. Bruce, W. Brewer, *Theoretical issues in reading comprehension,* New York, Lawrence Erlbaum Associates, Inc., 1980.

Ele permit o formulare a unor cerințe concrete sau așteptări care țin de proprietăți, și în consecință, sunt conforme cu schema specifică a trăsăturilor și a comportamentului. Schița creată este utilizată pentru a înregistra și pentru a interpreta informațiile dobândite. Putem să luăm ca exemplu așa numita prima impresie, care se bazează pe informațiile oferite la început. În momentul când receptorul primește noile informații, este foarte important pentru a crea în persoana receptorului sentimentele de tip pozitiv. Trebuie să recunoaștem că cei mai mulți oameni se ghidează conform primei impresii. Chiar dacă mai târziu, informațiile ulterioare contrazic informațiile anterioare oferite, acestea din urmă sunt mai degrabă ignorate, și în consecință sunt considerate ca fiind neimportante sau chiar false. Pe lângă toate acestea, în momentul în care spectatorul își creează o opinie referitoare la subiectul prezentat în cadrul publicității făcute filmului, spectatorul va tinde să cedeze așa numitei concepții de auto-înfăptuitre a profeției. Acest fenomen provine din convingerea provocării evenimentelor sau chiar a comportamentului prevăzut de noi. În cadrul acesti comportament intră ca o parte componentă toate tipurile de comportament fie pozitiv fie negativ. Aceste tipuri de profeții care se înfăptuiesc singure determină că schiița-schemă creată de noi devine un concret aplicabil. Mecanismul de aplicare este unul foarte simplu. În ciuda tuturor aparențelor nu face apel și nici nu implică utilizarea forțelor de tip supranatural. Pur și simplu, toate așteptările noastre în raport cu oamenii sau situații determină că de fapt noi deja luăm deciziile, inclusiv în mod subconștientual, decizii și acțiuni care, determină în cosecință să fie conforme cu așteptările noastre. Așadar dacă în mod anticipat presupunem că un film trebuie vizionat, și că ne va fi pe plac, atunci este foarte probabil că așa va fi. Apropicrea dc tip pozitivă fată de un film poate determina că dupăvizionare, așteptările noastre pot fi îndeplinite și satisfăcute.[64]

Mentinerea amintirilor.

Memoria reprezintă un element esențial de cunoaștere. Este înțeleasă ca fiind capabilitatea de a aduna și menține informațiile,

[64] Snyder, M., Tanke, E. D., & Berscheid, E., *Social perception and interpersonal behavior: On the self-fulfilling nature of social stereotypes*, Journal of Personality and Social Psychology, 1977, 35, 656–666.

dar și redarea acestor informații mai târziu. Modul de împărțire clasic face referire la modelul de tip magazie. În acest mod de reprezentare memoria este considerată ca fiind o un super center, unde fiecare magazin înregistrează informația într-un mod individual. Privitor la criteriul determinat de timp de menținere al unei informații, putem deosebi centrul memoriei sensitive, de scurtă durată și de lungă durată. Procesarea informației începe de la momentul percepției al stimulilor externi, așa numita memoria ssensitivă, ajunge prin etapizarea de depozitare scurtă, așa numita memoria de scurtă durată, până la consolidare, adică se ajunge la memoria de lungă durată. Informațiile care ajung la memoria de scurtă durată, sunt reținute pentru o perioadă scurtă, după care ajung în uitare, în timp ce informațiile care ajung în memoria de lungă durată sunt memorate pe termen nelimitat. În ceea ce privește memoria de lungă durată, este foarte probabil ca informația să fie „aparent' dispărută/uitată. Alternativa acestei concepții este teoria memoriei cu nivele. Principalul criteriu de reținere a informației este dată de adâncimea informației prelucrate. Conform acestei teorii, cu cât mai profund informația este prelucrată, cu atât mai bine rămâne memorată și redată.[65]

În ambele concepții prezentate mai sus, informațiile care ajung în memorie, rămân pe perioadă mai lungă dacă sunt mereu repetate. Rolul de repetare este mai evidentă mai ales în momentul când se învață ceva nou. În faza de început se produce un aflux de informații memorate, până la momentul realizării din punct de vedere practic, când afluxul de informații se stabilizează. Asta înseamnă că materialul dat a fost asimilat, iar din acel moment dat, toate acțiunile de tip repetare au caracter de a menține și de perfecționare a informației, sau eventual a științei pe termen nedeterminat din punct de vedere spațiu-timp. Un enunț asemănător este dat de teoria frecvenței. Cu cât un material este repetat, cu atât mai bine este reținut și aprofundat. La fel este și daca vorbim despre contactul cu o informație concretă. Acea informație concretă influențează consolidarea, pentru că intrăm des în contact. Astfel putem explica de ce trailerele sunt prezentate atât

---

[65] Kuisma, J., Simola, J., Uusitalo, L., Oorni, A., *The Effects of Animation and Format on the Perception and Memory of Online Advertising*, „Journal of Interractive Marketing", 2010, 24 (4), 269-282.

de des. La fel și cu noile producții de televiziune. Cu cât sunt mai frecvente, cu atât sunt mai bine memorate în memoria receptorului. De asemenea toate genurile de metraj care promovează sau spoturile publicitare sunt redate foarte des, pentru ca sa rămână înscrisse în memoria receptorului, dar și pentru a determina un comportament sau o atitudine în relație cu obiectul dat. De cele mai multe ori sunt un fel de prezetări dese dar pe o perioadă de timp mai lungă. Conform lui Adolph Jost care afirma care spunea despre pierderea în timp a informațiilor, putem anticipa că repetarea disipată în timp este mult mai efectiv decât disiparea în mod comasat.[66]

Analizând problematica memoriei, trebuie să menționăm și tipurile de memorie: exploratorie și de reproducere. În ceea ce privește memoria exploratoare, individul, de cele mai multe ori, obține mai multe răspunsuri posibile, din care trebuie să aleagă răspunsul cel bun. În cazul memorieide reproducere, individul trebuie să redea din amintiri informațiile concrete cerute. Activitatea de tip exploratorie este de cele mai multe ori, mult mai ușoară decât cea de reproducere. De exemplu, seria *Scary Movie* este cel mai relevant caz pentru cele discutate mai sus. Filmele din seria *Scary Movie* au început cu parodierea filmelor *Matrix*, *Scream*, *I Know what You Did Last Summer*, *The Exorcist*, *Signs* etc. Aceste filme din seria *Scary Movie* face apel la activarea atentiei și a proceselor cognitiv-raționale ale spectatorului. Chiar dacă are elemente comune cu comediile, acest film nu a fost receptat în totalitate de spectatorri ca fiind un film de comedie ca atare. Pentru înțelegerea parodiilor, spectatorul trebuie sa fie familiarizat cu scenele din filmele pe care le parodiază. Bazarea pe genul de asociații determină că întregul subiect abordat este receptat într-un mod surprinzător și oarecum explorator.

Receptarea pozitivă a filmelor este de fapt o determinantă a șansei pentru o reținere pe timp îndelungat. Cu cât rămâne mai ancorat în memorie, cu atăt mai mult există șansa de a numi acel film ca fiind o emblemă. Filmele atrag atenția maselor. Raman ancorate în memorie deoarece valorile și exemplele prezentate

---

[66] Klein, S.B., Loftus, J., Kihlstrom, J.F. *Memory and temporal experience: The effects of episodic memory loss on an amnestic patient's ability to remember the past and imagine future*, „Social Cognition", 2002, 20, 353-279.

devin de fapt o emblemă pentru societate. Sunt multe producții care au utilizat elementele de grotesc. Aceste filme, cu caracter a la Caragiale, prezintă contexte care descriu inclusiv funcționalitatea de tip cognitivă. Elemtentul prezent în O scrisoare pierdută este în continuare valabil pentru societatea românească de astăzi. Cetățeanul turmentat este un exemplu de reprezentare cognitivă, mai ales pentru individul ca atare. Conceptul ca atare este o reprezentare cognitivă al obiectelor, categoriilor și totodată este o reflectare a lumii în concepția noastră. În momentul când lipsește reprezentarea oricărui fragment din realitate, acel fragment încetează aparent să mai existe. Deseori în filme este utilizat elementele cognitive enunțate mai sus, adica formele de reprezentare cognitive care include sensul tipic al situației date. La fel ca și în însemnătatea formelor tipice de comportament incluse în situația dată. Cunoaștem foarte bine elementul de tip simbolic din filmul *The Godfather*, preluat apoi de toate filmele care abordau personaje mafiote – sărutul mâinii. Această scenă scurtă activează schița pe care o are spectatorul și care face referire la comportamentul și relațiile care sunt în lumea ilegalilor.[67]

---

[67] Tulving, E., *Episodic Memory. From mind to brain*, „Annual Review of Psychology", 2002, 53, 1-25.

6 - EXTRAGEREA ȘI PROCESAREA INFORMAȚIILOR

În procesul de memorare avem de a face deseori cu o informație distorsionată. Sunt probabilități corelate cu activitățile omului de a distorsiona materialul memorat. Astfel se poate observa tendința de a omite elementele care nu pot fi deplin înțelese, sau potrivirea cu schemele existente. În acest caz putem vorbi despre adaptarea culturală a informațiilor obținute. Știința poate contribui la construirea relativ mai ușoară a conținutului în așa fel încât să fie clar pentru grupul destinat. Până în anii 1990, agentul 007 era foarte manierat, își savura băutura, și rezolva toate „problemele în mod curat". Ultimele versiunii ale lui 007 nu mai savureaza băutura favorită, și în locul tehnicii care „rezolvau problemele" utilizează din ce în ce mai mult forța primitivă de supraviețuire și brută. Conform marelui public, schița unui agent secret devine din ce în ce mai autentică, și devine un simbol pentru spectatori.[68]

Trebuie să remarcăm că neadaptarea filmelor realităților noastre, poate crea un efect de respingere. Spectatorul poate respinge dorința de a-l înșela. Să fim serioși, care bărbat poate crește trei copii, este muncitor pe șantier, are o casă modernă dotată cu ultimele facilități, și mai ales are o viață plină de peripeții amoroase?

<hr>

[68] Kareiva, P., Watts, S., McDonald, R., Boucher, T., *Domesticated Nature: Shaping Landscapes and Ecosystems for Human Welfare*, Science, 2007, Vol 316, No 5833, 1866-1869.

Cele mai noi cercetări indică faptul că memoria poate fi utilizată de noi nu numai pentru a reda evenimentele petrecute în trecut, dar poate procesa evenimentele care au loc în prezent, mai mult, cu ajutorul memoriei și cu procesarea evenimentelor petrecute în trecut și a evenimentelor care sunt în acțiune în prezent, putem anticipa evenimentele care vor avea loc. Posibilitatea de a călători în trecut, aici avem în vedere spațialitatea și timpul constituit de trecut, reprezintă un subiect ademenitor pentru foarte mulți regizori. Personajele principale din filme construiesc diferite de vehicolele și aparate care să le permită să observe mai bine trecutul sau viitorul, și totodată creează o nostalgie în rândul spectatorilor, care cu siguranță ar dori să producă o eventuală schimbare, mai ales în trecut. De multe ori ne întrebăm cum ar fi dacă am avea un astfel de vehicol al timpului? Nimeni dintre noi nu realizează că avem cel mai bun vehicol, adică memoria autobiografică. Bazându-ne pe amintirile de tip autobiografic, putem să ne retragem în trecutul îndepărtat, îl putem depăși, sau putem eventual călători prin tot trecutul nostru autobiografic, analizând fiecare eveniment în parte. Se pare că elementul științifico-fantastic există în fiecare dintre noi. Conform celor dej a experimentate din punct de vedere empiric, putem revizualiza ceea ce s-a petrecut, inclusiv cunoscând empiric cauzele determinante. Pe baza acestor experimente empirice, putem anticipa ceea ce se poate petrece în viitor. Biceînțeles, pentru o astfel de analiză avem nevoie de un spirit critic, capabil să enunțe analize analitice.[69]

Tot ceea ce am experimentat și experimentăm în cursul vieții noastre, rămâne înscripționat în memoria de tip autobiografică. Această memorie include informații legate de evenimente, care s-au petrecut într-un timp și loc bine definit. Trebuie de adăugat că această memorie autobiografică este și un bagaj moștenit. Datorită acestei memorii de tip autobiografice, omul a reușit să depășească elementele considerate ca fiind de cotitură în cadrul evoluționismului. Referitor la memoria de tip autobiografică individuală, putem reda cufidelitate o serie de evenimente, în vreme ce altele le vedem ca prin „ceață", sau putem vizualiza numai câteva secvențe. Bineînțeles că nu vorbim despre fiecare

[69] Bernsten, D., Hall, N.M, *The episodic nature of involuntary autobiographical memories*, „Memory and Cognition", 32, 2004, 789-803.

element constitutiv al fundalului acelei relităţi când s-a petrecut evenimentul dat. Evenimentele din trecut sunt abordate de noi ca fiind episoade care au avut loc într-un spaţiu-timp concret. Caracterul de tip episodic al ştiinţei de tip autobiografică se deosebeşte de schiţele cognitive. Pe baza amintirilor noastre, creeăm imaginaţia despre ceea ce se poate întâmpla în viitor.[70]

V-aţi întrebat ce anume ne permite să redăm din conştient amintirile noastre? Un rol esenţial îndeplinesc indicaţiile şi sugestiile care aduc în actualitate informaţiile conform cărora putem din nou observa evenimentele trecute. Mai mult, datorită lor, putem retrăi emoţiile, sentimentele şi experienţele din evenimentele petrecute. Mesajele transmise prin mass-media, deseori conţin multe indicaţii şi sugestii, cu rolul de a re-crea atitudinea necesară producerii de reacţii din partea spectatorului. Adevărul este că fiecare din noi experimentează diferit filmul vizionat. Urmărind cu interes soarta eroilor, deseori ne gândim la noi înşine, de situaţii asemănătoare, de evenimente, emoţii, pe care le-am avut de înfruntat sau cunoscut pe parcursul vieţii noastre. Deseori ne gândim la membrii familiilor noastre, la prieteni şi duşmani, la cei care apar în mintea noastră, sau mai mult, la anumite obiecte, sau tendinţe, fie ele îndeplinite sau terminate cu eşec. Deseori facem comparaţii între ceea ce observăm pe ecrane cu ceea ce s-a întâmplat în viaţa noastră personală sau în relaţie cu mediul înconjurător. Chiar dacă procesele de amintire pe care le-am indus, apar fără o activare participativă a conştientului nostru, indicaţia determinantă şi răspunzătoare inclusă în mesaj, trezeşte activitatea de asociere pe care o avem. Când amintirile sunt activate de noi fără un scop anume, ci numaaii în mod automat, atunci spunem că avem de a face cu amintiri involuntare de tip autobiografic. Amintirea evenimentelor concrete de tipp involuntar nu necesită o prelucrare ale indicaţiilor sau a sugestiilor disponibile şi nici verificarea rezultatelor implicate de găsirea lor. Rezultatele cercetărilor arată că indiciile incluse în mesajele de tip mass-media, nu se întâmplă în viaţa cotidiană. Este important genul de material vizionat, de exemplu cum ar fi o dramă, care poate induce

[70] McDonald, M.C., Sarge, M.A., Lin, S., Collier, J.G., Potocki, B., *A Role for the Self: Media Content as Triggers for Involuntary Autobiographical Memories*, „Communication Research" 2012, XX (X), 1-27.

involuntar amintiri de tip autobiografic, diferit de emoțiile determinate de vizionarea unui film de comedie[71]

Efectul de condiționare cognitivă a filmelor

Posibilitatea de a acționa asupra gândurilor, sentimentelor sau inclusiv asupra acțiunii altor persoane, este o ispită care există încă din cele mei vechi timpuri. Un prim episod de acest gen documentat, avem in Biblie, în Cartea Genezei. Sunt mai multe tehnici de a influența omul. Omul poate fi influențat prin utilizarea forței și a violenței, dar poate fi influențat în mod foarte subtil. Se utilizează diferite tipuri de camuflaj referitor la aceste metode de a manipula pe cineva, pentru a acționa conform voinței celui care manipulează. Aproape toate tehnicile de manipulare se bazează pe reacțiile anterioare. Alte tipuri de tehnici determină faptul că învățăm rapid noile tipuri de reacții. Secretul manipulărilor este că omul învață reacțiile specifice în situații specifice, utilizându-le în schimb, în situații total diferite. Cea mai eficace manipulare de tip socială se bazează pe tendința de simplificare a informațiilor care ajung la receptor. De aceea procesele rațional-cognitive joacă în acest context un rol decisiv.[72]

Una din cauze care condiționează faptul că ne lăsăm influențați de societate, este dată de limitarea atenției noastre individuale. Trebuie sa recunoaștem, din prisma tehnologică că omul poate procesa circa 15 biți pe secundă, în vreme ce stimulii care ajung la receptorii noștrii conțin o încărcătură de informație mult mai mare, aproximativ 1012 biți pe secundă. Pentru o funcționare normală a omului într-un mediu cu astfel de stimului care suprasolicită creierul nostru, creierul a creat un filtru cu rolul de a selecta informațiile primite. Datorită acestui filtru, acordăm o atenție parțială unor informații care ajung la noi. Utilizăm numai o parte din mulțimea de informații. Tot acest mecanism ne permite să oferim răspunsuri fundamentale referitor la ceea ce se întâmplă, la

---

[71] Cialdini, R.B., Influence: *The Psychology of Persuasion*, Harper Business; Revised edition, 2006.

[72] Cialdini, R., *Influence: Science and Practice*, Allyn & Bacon; 4 edition, 2000.

ceea ce ar trebuie să simțim, sau ce ar trebui să gândim, dar și cum ar trebui să ne comportăm. Regula economiei de acțiune ne duce pe așa numitul drum cu scurtături, pentru a putea extrage concluziile necesare. Numai că de multe ori, aceste concluzii sunt înșelătoare.[73]

Unul din modalitățile de a da o însemnătate amalgamului de informații care ajunge la noi, este reprezentat de practica metodologică cunoscută sub numele de euristică. Concentrându-ne pe similaritatea dintre un obiect cu altul, putem concluziona, pe această bază, că primul acționează conform celui de-al doilea. Știința despre acest mod de a conduce pe ceilalți oameni, prin utilizarea aplicării reprezatnativ-euristică, poate fi de asemenea utilizată cu scopul de a manipula pe ceilalți oameni.[74] Este foarte posibil că pentru a viziona un film concret, ne uităm la actorii care joacă. Conform cu opinia generală, se consideră că dacă apare un actor cunoscut, însemnă că trebuie să fie un film bun. Să zicem că apare numele lui Robert de Niro sau Al Pacino, putem concluziona că într-adevăr acel film trebuie vizionat. Acest mod de abordare este utilizat în cadrul programului TV, de exemplu primul film în care a jucat Robert de Niro, numai la televiziunea X. Numai că prea puțini sunt cei care înțeleg mesajul, că acel film apărut acum câteva decenii în urmă, nu trebuie să fie neapărat unul foarte reușit. Acest tip de euristică face apel la regula autorității. Vom fi tentați să cumpărăm produsele în care apar personalități, cum ar fi Ronaldo, care spune că cele mai bune produse sportive sunt cele produse sub tutela Nike. Ascultarea persoanei cu autoritate poate fi oarbă. Persoana care îndeplinește o funcție care îi acordă autoritate, poate avea o influență puternică asupra celorlalți. Dacă Cristian Tudor Popescu este pentru avort, asta nu înseamnă că avem să ingerăm în personalitatea copilului încă nenăscut, sub falsul pretext că încă nu are capacitate rațională,așadar încă nu este om, și în consecință avem dreptul să-l omorâm. Sau Brigitte Bardot care făcea campanie pentru câinii care au personalitate. Trebuie să

[73] Richard J. Kelly, Association of National Advertisers. Advertising Administration Control Committee, *The advertising budget: preparation, administration and control*, Association of National Advertisers, 1967.

[74] Cialdini, R., *Influence: Science and Practice*, Allyn & Bacon; 4 edition, 2000.

conştientizăm care sunt cerinţele care trebuiesc îndeplinite pentru a vorbi despre persoană şi personalitate. Trebuie să specificăm faptul că nu numai autoritatea autentică are însemnătate. Ajunge, cum e în cazul domnului Cristian Tudor Popescu, care este doar un jurnalist, să enunţe nişte afirmaţii din domeniul moralei sau dreptului, pentru ca cei mai mulţi să-i acorde autoritatea pe care el nu o are. Bazându-ne pe modelele simplificate de concluzionare, putem afirma că oamenilor le ajunge doar simplul simbol al autorităţii, chiar dacă acea autoritate este validă în alt domeniu. Multe astfel de simboluri pot produce o reacţie care anihilează dreptul de a reflecta, şi de foarte multe ori produce umilinţa oponenţilor. Aşadar personajul principal îşi asumă un rol concret, pe care îl încearcă literalmente să-i confere substanţialitate înafara platoului. Cu cât un actor este mai bun, cu atât mai bine joacă rolul încredinţat, iar ca o consecinţă câştigă influenţă asupra receptorului. Ca de obicei, ceea ce se ia în calcul este ambalajul şi nu conţinutul.[75] Acceptând un rol, poate influenţa pe ceilalţi, chair în afara platoului de filmare, cum a fost cazul lui Christian Bale, care a făcut o remarcă destul de negativă a credinţelor. Sau mai nou, odată cu vizita papei Francisc în România, cu siguranţă domul Cristian Tudor Popescu, un mare jurnalist va ajunge să se exprime şi din punct de vedere teologic şi moral, ca şi când ar avea diplome în aceste domenii, care să-i acorde autoritatea pe care dumnealui o visează ca având-o.[76]

În viaţa cotidiană, deseori apar concluzionări simplificate ale euristicii, adică o regulă informală de raţionalizare, pe baza căreia oamenii emit judecăţi, acţionând sub impulsuri, cum ar fi să aducă ceva în conştiinţă într-un mod relativ uşor. Această regulă este folosită de regizorii care produc următoarele sequel-uri. Aceste eventuale părţi care continuă primul film apar în urma succesului înregistrat de film. Aşa au apărut seriile Saw, în cadrul căruia spectatorul face apel la intriga apărută în Saw I şi continuată până în Saw VII.[77]

---

[75] Cialdini, R., Influence: Science and Practice, Allyn & Bacon; 4 edition, 2000.

[76] Aronson, E., Wilson, T.D., Akert, R.M., *Social psychology*, Pearson, 2015.

[77] Aronson, E., *Human – a social being*, Worth Publishers; 11 edition, 2011.

7 - CONVINGEREA

Însuşi mesajul filmului poate fi un instrument foarte bun pentru a influenţa comportamentul. Această formă este deseori utilizată în diferitele campanii sociale şi chiar electorale, dacă luăm în calcul spotul publicitar al lui Gigi Becalli. În astfel de situaţii avem de a face cu mesaj de persuasiune. Scopul acestui mesaj este de a atrage atenţia şi simpatia receptorului. Cei care elaborează un astfel de mesaj fac uz de multe tehnici de influenţare a spectatorilor, între care se pot deosebi strategia centrală şi periferică. Conform strategiei centrale de persuasiune, receptorul analizează atent mesajul şi reflectează argumentele oferite. În acest caz, este un spectator reflexiv. Strategia de persuasiune periferică presupune că individul îşi concentrează atenţia pe caracteristica de tip superficial. Aici sunt valabile toate chestiunile analizate referitoare la stimulii periferici. În campaniile electorale se amplifică prezenţa candidaţilor în rândul susţinătorilor, dar şi a oamneilor simpli aleşi aleatoriu, dar care sunt hotărâţi să-l susţină. Crearea unei astfel de situaţii stimulative are ca scop să influenţeze modul nostru de gândire, forţând oarecum pornirea concluzionării simplificate, al euristicii şi al schiiţelor pe care le avem deja formate. Conform regulilor strategiei periferice, se urmăreşte determinarea individului, care începe să se direcţioneze conform atitudinii sociale formate, pe baza dovezii de sinceritate.[78]

[78] Cialdini, R.B., Influence: The Psychology of Persuasion, Harper Business; Revised edition, 2006.

În materialele care fac apel la campaniile sociale, cel mai des sunt utilizate mesajele care se bazează pe argumente îndreptate spre partea cognitivă a persoanei noastre. Se presupune că spectatorul abordează mesajele prezentate din punct de vedere reflexiv, şi îşi schimbă comportamentul în mod conştient. Şi în acest caz avem de a face cu stimului de tip periferic, care joacă un rol important, şi anume să confere greutate mesajului afişat. Am avut campanii publicitare de genul „mănâncă produsul X ca să devii bărbat adevărat". Sau în reclamele Catena, au participat importanţi actori cunoscut de marele public. Aceste reclame se bazau şi pe funcţia care face apel la autoritate. Crearea unui lanţ de asocieri prin introducerea schemeleor şi a euristicii în procesele raţionale, au întărit substratul funcţionării conţinutului mesajului.[79]

Pentru a determina influenţa asupra receptorului, aeste tipuri de campanii fac apel la frică. Cel mai bun exemplu este oferit de noile campanii care promovează stilul de viaţă sănătos. Acest stil de viaţă face refeire la „războiul" cu viciile. De cele mai mute ori aceste tipuri de publicitate îmbracă forma unui reportaj făcut şi transmis live şi prezintă acţiunea negativă a viciilor şi a substanţelor pe care le aplică omul. Comunicatul care determină şi alimentează frica este utilă în situaţiile când se apelează la spectator o teamă moderată, sau dacă oferă un element suplimentar în ceea ce priveşte înfruntarea pericolelor. Acest tip de comunicat face apel la sfera emoţională a omului şi în acelaşi timp oferă argumante clare de tip cognitiv sau sfaturi care ţin din punct de vedere comportamental. Un grad scăzut de frică nu provoacă senzaţie şi nici acţiune, în vreme ce un comunicat prea agresiv care poate provoca teroarea şi determină mecanisul de autoapărare, uneori ajungând inclusiv la declanşarea comportamentului de tip fanatic. Fără îndoială, materialele pe care le implică filmul au un scop bine determinat, pentru a declanşa receptorului nivelul de teamă care să-l întovărăşească pentru o perioadă de timp mai lungă.[80]

Pentru a declanşa în individ sentimentele şi emoţiile puternice, cum ar fi frica, teroarea sau groaza, constituie de fapt fundamentul

---

[79] Cialdini, R., *Influence: Science and Practice*, Allyn & Bacon; 4 edition, 2000.

[80] Hall, E.T, *The Hidden Dimension*, New York: Doubleday, 1966.

filmelor şi cărţilor de tip horror. Trebuie să vorbim în acest caz despre fenomenul filmelor de groază. Este interesant faptul că spectatorul este conştient de alegerea sa, de faptul că vizionarea unui film de groază poate determina anumite consecinţe, bine propuse. Spectatorul însuşi ajunge la crearea în sine a fricii, sau chiar groaza. Interesant este faptul că aceste emoţii nu intră în sfera emoţiilor plăcute, iar din punct de vedere al vieţii reale şi cotidiene, încercăm din răsputeri să reducem aceste tipuri de trăiri, nu să le amplificăm. Acum să ne întrebăm ce anume determină groaza în timp ce vizionăm un film horror? Răspunsul este clar şi simplu: intriga filmului, care în sine este înfiorător. din punct de vedere al genului abordat, cu personajele de rigoare: vampiri, zombie, fantome, posedaţi, psihopaţi, care primejduiesc armonia interioară proprie. Vă propun să viozionaţi filmul fără sonor, sau într-o cameră foarte bine iluminată, fără variaţuni. Puteţi observa cu uşurinţă că efectul nu mai este acelaşi. Astfel puteţi constata importanţa stimulilor de tip periferic. De cele mai multe ori, acţiunile din filme se petrec noaptea, în locuri care nouă ne produc teamă, cum ar fi cimitirile, biserici abandonate, spitale sau casele abandonate-părăsite. Trebuie de asemenea de observat trecerile de la muzica de tip pasiv-relaxant la notele muzicale cu tonalităţi care determină trezirea stimulilor periferici, tinând pe spectator mereu în suspans. De asemenea şi regulile stricte care ţin de modul de receptare, cum ar fi legătura sau asociaţiile cu noaptea, cimitirele sau bisericile aflate în ruină, determină atmosfera necesară de a recepta mesajul transmis prin intermediul filmului. Toate acestea determină, că filmul vizionat acţionează asupra noastră într-un mod bine definit, care în acelaşi timp consolidează în noi o frică autentică.[81]

---

[81] Cialdini, R.B., Influence: *The Psychology of Persuasion*, Harper Business; Revised edition, 2006.

8 - PROCESUL AUTOMATIZĂRII

Un mod mult mai rafinat de a crea şi determina influenţe asupra spectatorului se bazează pe reacţiile lui automate. Aşa cum am mai menţionat, acest mecanism de influenţare are ca fundament ştiinţa despre modul de comportament al individului în fiecare caz în parte, apoi folosirea acestui tip de obicei în situaţii total diferite. În situaţia în care abia învăţăm reacţia definită, avem de a face cu activităţile de control. Activitatea de început care începe, este executată cu o implicare mai accentuată a conştiinţei şi se manifestă într-o serie de genul treptat-treptat. De cele mai multe ori, astfel de activităţi sunt noi şi/sau creează greutăţi. În procesul de tip pedagogic se ajunge la o automatizare treptată a activităţii date şi bine definite. Activităţile de tip automativ apar în timpul procesului de dobândire a competenţelor, sunt executate rapid , în mod paralel şi fără participare a conştiinţei, angajează atenţia şi memoria într-un mod minim. De aceea este mult mai uşor de a acţiona asupra comportamentului omului, utilizând acţiunile sale de tip automatic. Reacţionând în mod automatic, adică fără a angaja procesele de tip cognitiv-conştientuale, devenim mult mai expuşi la influenţele determinate de mediul înconjurător. Trebuie mereu să ne gândim ce se va întâmpla înainte de a porni dispozitivul de redare mass-media. Mai întâi, de exemplu, trebuie să alegem filmul, apoi să verificăm timpul relativ al filmului şi să ajungem de exemplu la cinema. Ajunşi la cinema mergem la casa de bilete. Din punct de vedere personal al observaţiei, am remarcat că aproape 60% din cei care vin la film, merg la barul unde se vinde popcorn și coca cola, apoi are loc procesiunea la sala destinată filmului. După cum ați remarcat, pocorn-ul și cola au ajuns un element inseparabil al filmului vizionat la cinema. Cei mai mulți fac rezerve de popcorn și cola în mod automat, fără să se mai gândească dacă au într-adevăr nevoie de ele. Oamenii s-au învățat cu o astfel de reacție – plus că în toate filmele apare moricul popcorn-ului și cola – și acest tip de cumpărături este deja o rutină. Adevărul este că influența filmului în sine este oarecum indirect, totuși este dificil de a observa legătura dintre cinematograf și întreaga industrie de tip alimentar. În plus, reacția noastră este direcționată și transpusă pe ecran. Trebuie să recunoaștem că în cazul vizionării în fața micului ecran, tot ne aprovizionăm cu chipsuri sau sticksuri.[82]

Modul de comportament simplificat reduce efortul și necesitatea de a analiza detaliile, mai ales dacă avem de a face cu o situație nouă. Tendința de comportament automat în cadrul vieții cotidiene poate fi caracterizat ca fiind una fără reflecții. Deseori se întâmplă că analizăm numai informațiile de tip superficial care ajung la noi și în consecință acționăm conform regulilor pe care le primim. Cu un mod asemănător avem de a face în cazul când, ca o consecință a influenței filmului asupra modului nostru de gândire, începem să-l compătimim pe eroul principal, care în realitate, reprezintă un personaj negativ. Cel mai clasic exemplu este persoanjul Leon din seria de filme *Leon the Professional*, sau mai nou *The Hitman's Bodyguard*. Criminalul profesionist plătit devine eroul fiecărui spectator, care îi ține pumnii și se bucură de reușită, fiind convins că acest personaj negativ va triumfa în lupte. Urmează să ne întrebăm, cum este posibil ca un personaj negativ să câștige simpatia noastră? Explicația este oferită de expunerea stimulilor. Dacă personajul principal este prezentat ca fiind o victimă, atunci spectatorul începe să simtă compasiune, și mai mult, spectatorul simte că trebuie să-l ajute. Așa s-a întâmplat și cu personajul din *Prison Break*, cu *T-Bag Bagwell*. De altfel, acest fenomen poate fi observată în cadrul filmelor care prezintă subiecte de Wild Life.

[82] Logan, G.D., Zbrodoff, N.J., *Stroop-Type Interferrence: Congruity Effects in Color Naming With Typewritten Responses*, „Journal od Experimental Psychology: Human Perception and Performance", 1998, Vol. 24, No 3, 978-992.

Chiar și părinții mei, văzând leul cum atacă antilopa, au identifricat felina ca fiind agresorul, antilopa ca fiind victima nevinovată, și în consecință încurajau antilopa, sugerându-i eventual pe unde să fugă și să scape de agresorul terorist. De multe ori, ne identificăm cu victima fără a lua în considerare motivele determinante ale agresorului. Văzând leul care atacă, simțim mânie, în timp ce tratăm antilopa cu empatie, uneori transpunându-ne în locul antilopei, șimțind durerea, suferința și suflul rece al morții. Cum spuneam, filmul deseori manipulează modul nostru de receptare al informațiilor. Leon sau pe Samuel L. Jackson cu antilopa nevinovată, și îl compătimim. La fel s-a întâmplat și cu filmul *Der Untergang*. Adolph Hitler este prezentat ca fiind dictatorul onest, bolnav, suferind și părăsit de toți. Acest mod de prezentare influențează modul de receptare al spectatorului, care analizează situația prezentată pe ecrane inclusiv a realității acum și aici, uitând de contextul istoric real. La fel se întâmplămai nou, în România, când se mai prezintă din când în când viața în era socialismului, când Ceaușescu era prezentat ca fiind omul obișnuit care se bucura de viață, împreună cu familia. Când am spus unor persoane mai tinere, că în acea vreme magazinele erau pustii, un băiețel de vreo șapte ani m-a întrebat „Cum? Tot Carrefor-ul era gol??". Eram pus în dificultate, cum să-i explic realitatea care era în vremea comunismului, că în România, pe vremea aceea nu existau hypermarket-uri de tip Carrefour.

Filmul este caracterizat ca fiind ceva magic. Prin intermediul filmului se poate realiza visurile de tip veșnic al omului. Asadar omul este înzestrat cu putere de decizie asupra lumii, și asupra fenomenelor care se desfășoară în cadrul lumii. Cu ajutorul filmului, omului poate experimenta jocul cu timpul. Evenimentele prezentate nu trebuie afișate în mod cronologic. Totul se poate transpune în timp, poate edita joncțiunea trecutului îndepărtat cu viitorul îndepărtat, poate reda acel timp istoric de mai multe ori. Făcând apel la ultimele tehnologii, regizorii pot determina o influență importantă asupra modului de receptare. Angajarea proceselor cognitive ale receptorului, direcționează atenția lui, utilizând elemente asociative importante și puternice, inscripționând anumite informații în memoria spectatorului, sau chiar provocând informația pe care deja o deține, poate determina și influența comportamentul și emoțiile receptorului, așa cum ar fi construirea relației spectator-personajul principal al filmului.

Chiar dacă personajul din film este unul fictiv-imaginar, poate determina reacții importante. Aceste tipuri de racții-comportament deseori rămâne în memoria spectatorului pe termen lung, se transpune în dorința de a se reîntâlni cu aceste personaje în filme, ceea ce însemnă o revizionare, eventual într-o nouă creație al aceluiași regizor.

Filmul este de asemenea și un canal prin care se poate crea o opinie. Poate determina crearea unor atitudini sociale, poate influența diferitele atitudini sau poate produce publicitate pentru anumite produse. Putem vorbi mult despre film, deoarece este un fenomem complex. Complexitatea este dată de spectatori, deoarece receptorii sunt foart mulți, și pot fi împărțiți în mai multe grupe din punct de vedere cognitiv. Influența poate fi utilă, dar poate constitui și un pericol, mai ales dacă avem de a face cu un spectator de tip pasiv, care acceptă toate informațiile fără a le analiza, și acceptă acele informații ca fiind mereu adevărate.

Dialogul constituie elementul esențial în anchetarea martorului sau a suspectului. Acest dialog este strâns corelat cu ceea ce mulți numesc Body Language, iar mai pe românește, limbajul neverbal. Acest tip de limbaj are o însemnătate specifică în momentul enunțării unei afirmații în cadrul contactului interpersonal. Este de menționat că trebuie de deosebit tipul de limbaj neverbal, așa numitele tactici neverbale, care au o semnificație importantă în cadrul anchetărilor, împreună cu forța tensională a mușchilor, de cele mai multe ori avem de a face cu mușchii faciali, și durata de exprimare. Exemlele și atributele descrise reprezintă doar o schiță probabilă de abordare a analizei situației de anchetare pe baza aspectului ales. Bineînțeles că avem în vedere tacticile neverbale tipice. Se poate observa relația dintre această tematică și tematicile care abordează convingerea și manipularea. De aceea, în acest context dat, toate tipurile de comportament care apar în timpul desfășurării anchetelor, trebuiesc analizate de un psiholog juridic. Noi vom analiza numai câteva din aceste elemente.[83]

Elementul esențial al unei anchete este constituit de dialog. Este un element strâns legat de elementul comunicării neverbale, care

---

[83] Joe Navarro, *What Every BODY is Saying: An Ex-FBI Agent's Guide to Speed-Reading People*, William Morrow Paperbacks, 2008.

joacă un rol important în cadrul comunicării de tip interpersonal. Trebuie să deosebim elelemtele importante ale tacticii neverbale. Aceste elemente sunt foarte importante în cadrul contactului interpersonal. Trebuie de analizat mereu poziția participanților, împreună cu ierarhia puterii în timpul anchetelor. Atributele descrise aici, dar și exemplele, reprezintă doar o schiță posibilă în cadrul abordării analizei contextuale ale anchetelor pe baza aspectelor tipice tacticilor neverbale. Ceea ce vom prezentăm este corelat într-un mod deosebit cu tematica manipulărilor și a convingerii. Într-un astfel de context ar trebui să fie analizate de un psiholog juridic. Noi vom discuta doar câteva elemente.

În primul rând trebuie de avut în vedere organizarea spațiului și al proxemității. De cele mai multe ori ancheta se desfășoară în clădirea organului de stat, care reprezintă acuzarea, dar pot fi și excepții, când ancheta se desfășoară într-un alt loc, cum ar fi locul unde a avut loc evenimentul. Așadar ancheta poate fi realizată în casă, la locul de muncă. Încăperea unde are loc ancheta, ar trebui să îndeplinească cerințele tehnice, cum ar fi: prezența unei oglinzi de tip venețiană, mai ales în cazul în care în timpul anchetei, se dorește prezentarea anchetatului unei alte persoane, o masă. Un alt element foarte important este de a aplica tacticile criminalistice, cum ar fi de exemplu asigurarea unei siguranțe celui interogat, dar și crearea unei atmosfere, în cadrul căreia ar putea să mărturisească fapte jenante și rușinoase. Pentru aceasta, este recomandat ca această cameră să fie izolată de zgomotele care nu sunt necesare, iar lumina să aibă o intensitate redusă. Pentru ca anchetatul să nu aibă senzația că este reținut cu forța, trebuie să ne asigurăm ca între scaunul lui și ușă să nu fie nici un obiect/element care ar putea îngreuna părăsirea camerei.[84] Cu toate acestea, este greu de a îndeplini o astfel de cerință. La fel este și în cazul distanței dintre anchetator și anchetat: trebuie de eliminat orice tip de obstacol/mobilă care ar putea crea celui anchetat o siguranță relativă, iar prin acest mod, de a minimaliza superioritatea celui care anchetează. Privitor la martorii anchetați trebuie de creat sentimentul siguranței, care poate determina o influență pozitivă, pentru a depune mărturie. La baza acestor recomandări se află

[84] Knapp, M.L., Hall, J.A., *Nonverbal Communication in Human Interaction*, Wadsworth Publishing; 7 edition edition, 2009.

presupunearea, conform căreia, eliminarea distanţei fizice poate influenţa de asemenea sentimentul de apropiere în sens psihologic. Această distanţă poate fi creată în mod treptat, conforrm dezvoltării evenimentelor de anchetare, astfel încât anchetatorul se poate apropia de martor, în unele cazuri, invadând sfera intimă a acestuia.[85]

Conform filmului propus spre analiză, ancheta are loc în clădirea poliţiei, conform tacticii de tip generale. În cadrul acestui film putem observa organizarea locului unde se petrece dialogul, care concordă recomandărilor de mai sus. Aspectele pot ajuta ca elemente de analiză tipice tacticilor neverbale.

În film ne este prezentat într-un mod oarecum realist, ancheta în astfel de condiţii, chair dacă putem observa că încăperea, foarte elegantă, largă şi cu multă mobilă, nu este un loc tipic de muncă al unui poliţist. Totuşi permite un dialog, prin păstrarea discreţiei, şi ofera comfortul psihic de a avea o desfăşurare.

Înainte de dialog, putem observa cum poliţistul închide cu atenţie toate uşile şi gemurile încăperii, dând de înţeles că doreşte menţinerea regulilor, şi totodata asigurându-se că nimeni nu va deranja comfoertul psihic al interlocutorului.

Trebuie să reamintim faptul că avocatul a fost chemat la poliţie în calitate de martor. La început, discuţia are rolul de crea o relaţie bazată pe încredere. De aceea ancheta începe în mod neformal, menţinând distanţa de siguranţă. După cum putem observa în film, distanţa dintre interlocutori este de aproximativ un metru, şi profită de elementele de tip relaxativ. Apoi în mod formal şi clar se semnalizează că ancheta începe, şi automat interlocutorii ocupă locurile destinate lor. Avocatul se aşează în faţa biroului, în timp ce poliţistul se aşează după birou. Chiar dacă nu este o soluţionare conformă cu normele generale de tip strategic, în acest caz particular, când interlocutorii se cunosc, reprezintă doar o posibilitate pentru a oferi un caracter formal acestei discuţii. În acest caz particular, biroul reprezintă graniţa formală, şi totodată subliniază, că în ciuda faptului că cei doi se cunosc de o lungă perioadă de timp, cei doi interlocutori se află pe părţi diferite ale câmpului de luptă. Din cele câteva minute rezervate anchetei,

85 Inbau, F.E., Reid, J.E., Buckley, J.P., *Criminal interrogation and confessions*, Baltimore: Williams and Wilkins, 1986.

aceasta devine o anchetă care ține câteva ore. Răspunsurile mai importante, ale celor doi interlocutori conțin o informație emoțională, ceea ce determină în fapt ca ei să facă uz de întreaga încăpere. Putem observa că se plimbă prin întreaga cameră nestingheriți, își schimbă poziția corpurilor, eventual se ridică și se așează, se apropie și se îndepărtează. Putem observa că anchetatorul face apel la tehnica de a elimina distanța, se apleacă asupra anchetatului, se apropie de el, mai mult, putem observa o oarecare invazie a spațiului intim. Acest tip de comportament are loc atunci când anchetatorul este bulversat de răspunsurile primite, și putem observa nuanțele accentuate ale acestui tip de comportament când dorește să dovedească oponentului faptul că minte în declarații. Ori de câte ori anchetatul se deschide și începe să povestească oarecum neconstrâns de împrejurări versiunea proprie a evenimentelor, anchetatorul se îndepărtează, sau se întoarce la locul său după birou și ascultă oarecum liniștit, fără să determine o accelerare. Putem observa în același timp, când are loc eliminarea distanței dintre cei doi interlocutori, polițistul schimbă ritmul și modul de vorbire. Spectatorul poate observa că enunțurile făcute sunt rapide, cu intensitate sporită și foarte concrete, fiind foarte asemănătoare modului de amenințare. Dacă ar fi să comparăm acest tip de comportament cu modul de anchetă ideal, atunci ar trebui să recunoaștem că în film apar elemente care nu pot fi tolerate, sau care sunt la limită, dacă luăm în considerare scopul. În film, scopul este de a crea presiune asupra anchetatului, care fiind sub o puternică intensitate emoțională, teoretic, ar trebui să mărturisească adevărul, sau să recunoască fapta care îi este atribuită. Acest mod de comportament, care trebuie să recunoaștem, este o practică des întâlnită în cadrul anchetelor poliției române, poate aduce un efect viceversa. Acest mod poate fi numit și efectul de bumerang. Efectul de bumerang este o determinantă, când suspecții care în condițiile normale, cel mai probabil, ar recunoaște vina, în condițiile de stres și presiune atât fizică cât și psihică, pot reacționa în mod invers și să nu recunoască nimic, aceasta fiind determinată de impresia de ti subiectivă, sau tratamentul rău aplicat.[86]

[86] Gudjonsson, G., *Investigative interviewing: Recent developments and some fundamental issues*, International Review of Psychiatry, 1994, 6, 237-245.

Ultima etapă a anchetei are loc după mărturisirea unui aspect din viața privată, și care are o legătură cu crimele petrecute. În acest timp, anchetatul nu mai exprimă îndoieli în ceea ce privește vina sa. Acest fapt determină pe anchetator să-l ducă pe anchetatul care a devenit suspect, și de aceea îl duce în camera de interogări, unde se află masa, oglida de tip venețiană și camera video, care are microfonul închis. În acest nou context, schimbarea locului de audiere, are rolul de a accentua valoarea afirmațiilor făcute de anchetat. Este de fapt un enunț pe care avocatul ar trebui să-l interpreteze că nu mai are scăpare, că este obligat să mărturisească totul, iar camera va înregistra întreaga mărturie, și va constitui o dovadă în cadrul procesului. Putem menționa că și în birou era o cameră care putea înregistra totul, așadar nu era nevoie de a schimba locul de desfășurare. Totuși atmosfera acelei camere goale, care este din start destinată anchetelor, are menirea de a menționa duritatea și expresivitatea clară. Acea cameră este construită cu scopul fix de a obține adevărul. Această cameră elimină evenimentele cu caracter privat/personal. Această cameră este destinată mărturisirilor și explicațiilor. Putem încerca să aplicăm această scenă în practica poliției. În acest caz trebuie să menționăm probabilitatea unei schimbări a ambientului, din cauza disponibilității limitate a unei astfel de camere și din cauza limitării timpului. În cadrul filmului, putem bănui, că acest tip de acționare a fost utilizat pentru a soluționa problema aparentă a faptului că interlocutorii se cunoșteau de o lunga perioadă de timp. Această intereacțiune nu ar fi trebuit să aibă loc în practică, dar pentru a accentua anumite particularități, a fost introdusă în cadrul filmului.[87]

În cadrul acestui film, putem observa obiectele care sunt folosite în cadrul anchetei. Așadar avem de a face cu dovezi materiale. Aceste tipuri de dovezi au rolul de a explica evenimentele, sau în cazul fotografiilor de la locul evenimentului, anchetatorul singur decide utilizarea lor, mai ales în cazul pregătirii anchetei. Este de asemenea recomandat ca anchetatorul să aibă în proximitate dosarul cu acte gros, chiar dacă acest dosar nu conține toate informațiile necesare despre acel eveniment, sau inclusiv, despre anchetat. Grosimea dosarului poate intimida pe anchetat.

[87] Inbau, F.E., Reid, J.E., Buckley, J.P., *Criminal interrogation and confessions fourth edition*, Gaithesburg, Maryland: Aspen, 2001.

Datorită acestui dosar, poate crea impresia că anchetatul este luat în vizor, că sunt cuprinse toate informațiile necesare, și că acest caz este analizat până și cel mai mic detaliu-informație.[88]

Apoi putem observa obiectele care permit înregistrarea adecvată a întregului proces de anchetă. De obicei sunt utilizate magnetofoane, ca în cazul Watergate, dictafoane, camere audio-video, ca în cazurile din *Lie to Me*, diferite tipuri de protocoale, sau computere. Este foarte important ca anchetatorul să le aibă mereu la îndemână în timp ce adresează întrebările, ca nu cumva în timp ce caută astfel de dispozitive, fie anchetatul oferă un răspuns important care poate decide întregul proces de anchetă, sau chiar poate determina ca martorul să considere că anchetatorul nu respectă paersoana și declarațiile lui, în consecință abordând o tactică defensivă sau de necooperare.[89]

Din cauza comunicativității, este foarte interesant utilizarea obiectelor tipice care pot determina crearea unei relații interpersonale. Astfel, în cadrul filmului putem observa cum anchetatul primește o scrumieră, un șervețel, sau chiar un pahar de băutură. Este recomandat, în general, ca în cadrul unei anchete să se aplice regula reciprocității. De aceea este o ocazie importantă, care trebuie de folosit situația când anchetatul cere ceva (de cele mai multe ori în filme ne este prezentat motivul țigării), iar anchetatorul oferă cu amabilitate.[90]

Așa cum ați putut observa, acest film a utilizat toate categoriile de obiecte, care pot înlesni anchetarea. Utilizarea lor în momentele cheie oferă spectatorului înțelesul necesar.

Avem de a face cu confruntarea avocatului cu dovezile recoltate. În această împrejurare, anchetatului îi este prezentat o fotografie cu o victimă. Această situație este rezultatul comportamentului avocatului. Anchetatul utilizează status-ul social

---

[88] Joe Navarro, *What Every BODY is Saying: An Ex-FBI Agent's Guide to Speed-Reading People*, William Morrow Paperbacks, 2008.

[89] Ekman, P., *Telling Lies: Clues to Deceit in the Marketplace, Politics, and Marriage*, W.W. Norton, 2001.

[90] Cialdini, R.B., Influence: *The Psychology of Persuasion*, Harper Business; Revised edition, 2006.

dar şi relaţia de cunoscut al poliţistului. Anchetatul începe să se comporte în mod cinic şi abordează o serie de pretenţii. În acest nou context, fotografia are rolul să-l facă conştient de situaţia dificilă în care se află avocatul. Putem observa că efectul unei astfel de abordări apare şi cu accentuarea modului formal de adresare: dacă până la acest moment cei doi se adresau prin utilizarea prenumelor, poliţistul trece la modul formal de adresare. Acest mod are şi un scop propus, şi anume că dovezile clare pot fi prezentate anchetatului cu scopul de a evalua modul de comportament dar şi reacţia necesară în momentul vederii unei persoane, în acest caz având de a face cu reacţia de recunoaştere a victimei.

Atributele tipice ale celui care conduce ancheta, în film ne este prezentat dosarul gros cu actele pe care nu le cunoaştem. Apoi putem observa că în apropiere anchetatorul are dictafonul, care ar trebui să sugereze anchetatului demersurile şi eforturile depuse pentru anchetă, chiar dacă iniţial anchetatul ştia că întâlnirea va ţine aproximativ zece minute, doar pentru a clarifica anumite detalii. Este evident că anchetatorul a început un joc cu eventualul suspect. În mod conştient induce în eroare pe anchetat, pentru ca să îi îngreuneze eventula pregătire pentru anchetă, şi pentru a elimina constrirea unui alibi. Jocul în sine include elemente stricte, cum ar fi un telefon urgent pentru ca martorul să ajungă imediat la poliţie. Apoi un alt element este faptul cum anchetatorul afişează costumul de gală pe care intenţionează să-l îmbrace, ceea ce sugerează spectatorului, că intenţionează să participe şi el la recepţie, şi este interesat să rezolve cât mai repede aceste mici detalii, care par a fi de rang secund.

Privitor la relaţia de reciprocitate, puteom deosebi câteva elemente a tipice, dar aplicate în mod ingenios. Aşadar cel de-al doilea detectiv, care este martor al desfăşurării anchetei, propune să facă cafea, avocatul cere respectuos ca acea cafea să conţină puţin lapte. Totuşi aprodul în loc să adauge lapte, renunţă în mod conştient, în ciuda recomandărilor de tip generale de a îndeplini cerinţele anchetatului, şi utilizează situaţia dată, în mod negativ, enunţând doleanţa ca avocatul să facă o surpriză secţiei de poliţie şi să doneze un aparat de cafea, pentru ca fiecare om adus la anchete să savureze o cafea bună. Trebuie de avut în vedere faptul că în momentul dat, anchetatul este încă considerat ca fiind martor.

Se poate deduce, că tânărul detecitv sugerează anchetatului că va avea de a face cu posibile acuzări. În cerința enunțată de tânărul detectiv, se poate observa cum a făcut referire la autoritatea, popularitatea dar și la la statutul social amenințător al anchetatului, ceea ce poate fi considerat ca fiind o posibilă amenințare. Modul de reciprocitate poate fi înțeles că dacă faci un bine pentru noi, atunci noi nu îți vom primejdui situația și bunul tău renume; dacă nu ne faci pe plac, te vom distruge. Metoda cunoscută ca *The Reid Technique* recomandă ca înainte de orice tip de discuții, anchetatorul sa cunoască toate elementele care țin de persoana anchetatului, pentru a utiliza informațiile dobândite, mai ales să cunoască punctele slabe ale oponentului. Din punct de vedere etic, este foarte mult de discutat. Totuși, în mod independent față de concluziile care rezultă din astfel de abordări, trebuie să spunem, că strategiile prevăzute în *The Reid Technique* sunt aplicate pe scară largă în toate practicile poliției, indiferent de stat.[91]

Ați observat stilul de îmbrăcăminte afișat de actori? Modul de apariție, stilul de îmbrăcăminte și modul de comportament are o importanță deosebită. Deseori în literatura de specialitate se accentuează faptul că polițiștii care conduc anchete îmbrăcați în civil au mai multe posibilități de a fi receptați pozitiv de către anchetați. De asemenea, pot determina ca să fie receptați ca fiind oameni care au inițiativă și control. În câteva manuale care descriu elementele unei anchete cu succes, se accentuează că uniforma, fie costumul unui detectiv gen *Colombo*, are rolul de a amplifica mesajul că cel îmbrăcat în uniformă deține puterea, și în consecință ar reieși că ar fi mult mai ușor să obțină obediența celui anchetat. Pe de altă parte, autorii multor manuale de pe vechiul continent, în mod clar recomandă ca în cadrul anchetelor să se lase la o parte hainele de tip formal, sugerând, că este mult mai recomandat ca într-o astfel de situație, îmbrăcămintea de tip civilă în stilul tradițional, costumul, se corelează cu experiența și seriozitatea dar totodată poate fundamenta stabilirea unei relații de egalitate între participanți. Diferențele acestea au un fundament mult mai profund fiind întrețesute cu asentimente, sau în caz contrar, cu lipsa de asentiment în ceea ce privește aplicarea strategiilor de abordaj și

[91] Inbau, F.E., Reid, J.E., Buckley, J.P., *Criminal interrogation and confessions*, Baltimore: Williams and Wilkins, 1986.

presiune psihică în timpul anchetelor. Având în vedere comportamentul, trebuie să fim atenţi la intensitatea şi modul de vorbire. Mesajul ar trebui să fie emis liniştit şi serios dar şi trebuie articulat în mod relaxat. Graba şi enunţurile emise cu o puternică caracteristică emoţională pot crea impresia că anchetatorul doreşte cât mai rapid să obţină mărturia necesară, fie şi recunoaşterea cât mai rapidă a suspectului că este vinovat, indiferent de valoarea de adevăr enunţată de anchetat.[92]

În acest film, fiecare element al îmbrăcămintelor partcipanţilor a fost gândit foarte bine. Hainele actorilor sunt naturale şi înainte de toate, sunt adecvate situaţiei prezentate în intrigă. Ambii poliţişti au haine clasice, poate anchetatorul are o tentă mai conservativă în ceea ce priveşte stilul vestimentar, dar aceste tipuri vestimentare permit crearea unei relaţii interpersonale bazată pe încredere.

---

[92] Martin Tunley, Andrew Whittaker, Jim Gee, Mark Button, *The Accredited Counter Fraud Specialist Handbook*, John Wiley & Sons, 2015.

9 - STRUCTURA ANCHETEI

Ancheta suspectului are loc de cele mai multe ori în cinci etape.

Mai întâi are loc etapa preliminară, când are loc identificarea celui anchetat pe baza documentului de identitate, dar şi prezentarea declaraţiei pe care o semnează, că este conştient că dacă mărturiseşte fals va fi pedepsit conform legii. Înainte de a începe ancheta, trebuie de avut în vedere că nu există impedimente în a face declaraţii precum şi posibila utilizare a mărturiei, dacă martorul este de acord sau nu. În cazul în care ancheta este înregistrată, atunci martorul trebuie să fie informat.

A doua etapă începe în momentul când în cadrul anchetei se creează un contact între părţi. De cele mai multe ori are loc o discuţie obişnuită, care are rolul de a introduce martorul în tematica şi atmosfera anchetei. Acest tip de discuţie are şi rolul de a determina persoanele terţe dacă martorul este în deplinătatea facultăţilor raţionale, psihice şi este conştient de personalitatea sa individuală. Pe baza informaţiilor obţinute se pot aplica alte analize care să evidenţieze starea psihico-mentală a martorului, ţinând cont de ritmul întrebărilor adresate, gradul de dificultate şi în caz de nevoie, reformularea întrebărilor, transpunându-le în întrebări simple şi clare, cu termeni aleşi cu atenţie. Ca o notă, această etapă ar trebui inclusă în cadrul anchetei de audieri, chiar dacă este prezent o oarecare libertate a discuţiilor.

Etapa mărturiei libere constituie de fapt sarcina anchetatorului, pentru a-l motiva pe anchetat să enunţe o afirmaţie referitoare la împrejurările evenimentului. Anchetatorul nu ar trebui în cadrul acestei etape să întrerupă pe martor. Excepția apare în momentul când anchetatul începe să vorbească despre altă tematică, și nu despre tematica pentru care a fost chemat să dea mărturie.

Urmează etapa întrebărilor. Pe baza informațiilor obținute, sunt adresate întrebări clare și bine definite. Această etapă poate fi o parte componentă a protocolului. În cadrul acestei categorii avem de a face cu întrebările complementare - martorul completează cu anumite informații golurile ivite; întrebările explicative - cu rolul de a preciza sau de a clarifica mărturiile anterioare; și întrebările care impun control - cu scopul de a verifica valoarea de adevăr enunțată.

Apoi urmează etapa finală, când anchetatorul ar trebuie să verifice dacă nu sunt necesare unele completări ale acțiunilor definite, dacă ar trebui să aducă la cunoștință anchetatului despre clauzele prevăzute de protocolul declarațiilor, eventual să facă corecțiile necesare, sau să informeze pe intrelocutor despre progres.[93]

Mai sus am prezentat etapele care ar trebui parcurse în mod cronologic. Este numită și metoda de a aduna dovezi, cu scopul de a stabili corpul probelor.

De cele mai multe ori, sunt șapte întrebări fundamentale la care anchetatul este obligat să ofere un raspuns concret și clar. Aceste întrebări sunt:

1. Ce s-a întâmplat?
2. Unde și când a avut loc evenimentul?
3. Cum s-a ajuns la acel eveniment?
4. De ce s-a întâmplat acel eveniment?
5. Care au fost elementele participante la acel eveniment?
6. Cine a fost autorul?
7. Cine a fost victima?

Sunt multe modalități, moduri, tactici și strategii care permit realizarea scopului propus. Trebuie să recurgem la terminologia utilizată în criminalistică. Conform acestei metodologii de anchetare putem considera ca fiind lucrată, posibilă de aplicat în condițiile date, structuralizată și aleasă de către anchetator.[94]

---

[93] Arntzen, E., *Psychologie der Zeugenaussage. System der Glaubwiirdigkeitsmerkmale*, 2nd ed. Miinchen: C.H. Beck, 1983.

Anchetatorul are ca scop obținerea tuturor declarațiilor adevărate ale martorilor și a suspectului. Acest termen descrie procesul fundamental de a obține informațiile necesare. În cadrul acestui concept intră relatarea liberă, metodele de întrebări de control, de verificare și de confruntare. Bineînțeles că pot fi diferite tipuri de abordări, cu metodologii distincte. Pot fi metodologii structurale și/sau soluționări sistematice. Astfel de exemple ar fi *The Reid Technique* sau metoda *W-Z*, sau *Cognitive Interview*. Concepțiile generale, dar și modul de anchetare sunt cunoscute cel mai adesea ca fiind doar tehnici de anchetare. Cititoorul trebuie să știe că metodele și tehnicile de a adresa întrebări fac parte din tactica de anchetare. În criminalistică reprezintă modurile și căile utilizate pentru a atinge scopul propus.

Ca o notă informativă, metoda *W-Z* este în fapt o versiune mai simplificată a metodei *The Reid Technique*. Această metodă încearcă să-l convingă pe anchetat că este vinovat. Totodată îi oferă explicații raționale care permit anchetatului să-și păstreze „bunul nume" în timp ce mărturisește.[95] Conform acestei etape, putem observa cinci etape:

1.   Pregătirea și profilul, în cadrul căreia se analizează împrejurările și dovezile.

2.   Reducerea apărării anchetatului prin prezentarea dovezilor care îl incriminează și demonstrarea că el este făptașul.

3.   Obținerea recunoașterii.

4.   Dezvoltarea mărturiei/declarației de recunoaștere a vinei, fie că a participat la comiterea faptei, dar și obținerea de mai multe informații pe această temă.

5.   Recunoașterea fie în scris, ca o declarație, fie înregistrarea momentului când anchetatul mărturisește că este autorul.

---

[94] John R. , Ph.D. Schafer, Joe Navarro, *Advanced Interviewing Techniques: Proven Strategies for Law Enforcement, Military, and Security Personnel*, Charles C Thomas Pub Ltd; 2016.

[95] Edenborough, R., *Effective Interviewing-A handbook of skills and techniques*, London: Kogan Page, 2002.

10 - CEEA CE NE PREZINTĂ FILMUL ÎN SINE

Se poate observa o tendinţă oarecum periculoasă, eliminându-se prezumţia de nevinovăţie. Aşadar se acceptă, că suspectul este vinovat, şi că nu va colabora cu poliţia. Scopul suprem al anchetelor este ca suspectul să-şi recunoască imediat vina în cadrul anchetărilor, iar stabilirea adevărului obiectiv este pus pe locul doi. Punctul de ieşire al unei astfel de construcţii care se bazează pe o astfel de ipoteză constituie convingerea subiectivă că anchetatul este mereu vinovat. Toate acţiunile care apar în timpul anchetelor au ca scop să determine pe anchetat să-şi recunoască vina, aşa cum apare ca exemplu în primul episod din *Lie to Me*. Este convins cu ajutorul a mai multor procedee ca să spună adevărul, adică să recunoască că este vinovat, cu toate că din punct de vedere legal, recunoaşterea vinei trebuie să fie făcută în mod voluntar. Diferitele modalităţi de a-l convinge pe suspect să enunţe adevărul obiectiv este o temă de discuţii largă, dacă se analizează modalitătile aplicate din punct de vedere etic sau privind drcptul individual garantat de constituţie.

Filmul *Under Suspicion* prezintă un model de aplicare al strategiilor controversate, care au rolul de a obţine recunoaşterea suspectului că este vinovat. Din intrigă şi deznodământ rezultă că tacticile aplicate în timpul anchetei, ele în sine reprezintă un pericol, deoarece pot crea tensiunea necesară pentru ca un om nevinovat să cedeze psihic, şi să recunoască fapta pe care nu a comis-o. La baza tacticilor aminitite de a conduce ancheta, ar trebui să fie ipoteza de tip generală, că dacă cineva a fost convocat să dea declarații explicative cu caracter de suspect, atunci trebuie să fie elemente materiale care să indice că respectivul om este vinovat. Este destul de dificil să nu acceptăm o astfel de afirmație, totuși la această etapă, împrejurările pot indica o vină cugrad diferențiat. Modul de anchetă trebuie să fie ales de anchetator, care ar trebui să fie dependent numai de adevărul obiectiv, și să filtreze celelalte informații care includ elemente subiective. Sau, dacă este cazul, să elimine convigerile sale subiective privitoare la gradul de vinovăție al anchetatului.

Căpitanul nu era convins deplin că avocatul, care a găsit trupul tinerei și a anunțat poliția, ar fi violat-o și ucis-o. Abordarea de tip subiectivă a vinei avocatului, nu-i oferea siguranța că el este autorul crimei. De aceea l-a convocat la sediu, în calitate de martor, și nu suspect, cum a considerat tânărul aprod. Încă de la începutul întâlnirii a aplicat acțiunile tipice, îndreptate la acceptarea clară sau renunțarea la convingerea proprie privitor la vina anchetatului.

Așadar în film apare întrebarea de tip capcană. Această tactică are ca scop de a declanșa îndoiala suspectului în cazul în care va minți. Această tactică este de obicei aplicată la începutul anchetei. Astfel se poate sugera că anchetatorul cunoaște toate detaliile care țin de caz, chiar dacă la drept nu le cunoaște, sau, poate sugera că de fapt nu cunoaște nimic privitor la evenimentele petrecute, și în consecință aruncă momeala suspectului pentru a minți cât mai mult, pe întreg parcursul anchetei. În film ne este prezentat acest al doile tip de șiretlic. Ambii polițiști întreabă de mai multe ori despre câinele vecinului, și care dintre ei doi, în timpul jogging-ului a descoperit trupul tinerei. Avocatul, a declarat anterior că a luat câinele la jogging ca în fiecare zi obișnuită, afirmând în continuare că tocmai câinele a descoperit trupul, nu el. Polițistul confruntă declarația avocatului cu declarațiile vecinului și al altor persoane, care au afirmat că tocmai în acea zi, avocatul nu a mers după câine. În acest nou context, a funcționat mecanismul întrebării cu momeală. Este esențial că persoana anchetată trebuie să se gândească și să inventeze un răspuns, care ar trebui să explice neconcordanța ivită. O persoană sinceră ar fi răspuns imediat. Avocatul a a vut nevoie de timp ca să se gândească. Pentru aceasta a deviat de la subiect, apoi a încercat să prezinte explicații logice, apoi, după o perioadă de timp mai îndelungată a schimbat versiunea evenimentelor. Putem observa cum în răspunsul său apar aafirmaţii consacrate ca fiind indicatori-declanşatori ai minciunii imediat, *deja îmi amintesc...era aşa.* Noua versiune a evenimentelor era destul de convingătoare, totuşi poliţistul deja a adoptat siguranţa în ceea ce priveşte faptul ca avocatul minte.

Analiza comportamentală în timpul interviului este o metodă de anchetă care este predată în Statele Unite. Nu avem voie să identificăm această metodă cu metoda de anchetă. Această metodă este utilizată pentru a stabili gradul de vinovăţie al suspectului. Această analiză are loc înainte de începerea anchetei propriuzise. Este o etapă preliminară a anchetei, nu este un element esenţial. Această analiză constă din adresarea de întrebări specifice şi astfel proiectate încât să declanşeze o reacţie puternică în comportamentul interlocutorului. Analiza comportamentală a fost redactată pe baza testelor poligrafului. Această metodă este aplicată când apar aşa-numitele simptome de fals. În această categorie intră rapiditatea răspunsurilor, cerinţele de a repeta sau de a explica întrebarea, fuga de contactul ochi-ochi, tonalitatea vocii, nervozitatea mişcărilor, sau chiar răspunsurile de tip cinic.[96] Stabilirea gradului de vinovăţie al suspectului este bazat pe faptul că cei care spun adevărul şi cei care mint, datorită relaţiei relative cu ancheta, prezintă comportamente diferite, cele mai multe din aceste comportmante fiind oarecum predictibile. Discuţia pe baza acestei analize începe cu întrebări deschise, apoi anchetatorul adresează o serie de întrebări cu caracter închis şi notează în mod evaluativ comportamentul celui interogat, dacă spune adevărul sau minte.[97]

Conform analizei comportamentale, se presupune că sursa semnalelor verbale şi neverbale trimise de suspect, este declanşată de teama că adevărul va fi descoperit, dar şi datorită vinovăţiei. Aceste simptome sunt mai degraba tipice care apar într-o situaţie plină de intesitate. Conform cercetătorilor, aceşti indicatori ai minciunii pot fi afişate atât de persoanele nevinovate, cât şi cele

---

[96] Ekman, P., *Telling Lies: Clues to Deceit in the Marketplace, Politics, and Marriage*, W.W. Norton, 2001.

[97] Joe Navarro, *What Every BODY is Saying: An Ex-FBI Agent's Guide to Speed-Reading People*, William Morrow Paperbacks, 2008.

vinovate. Toţi aceşti indicatori pot fi declanşaţi de însăşi ancheta, care poate determina un stres puternic asupra emoţiilor. Pe baza celor menţionate mai sus, ne putem îndoi de certitudinea unor asemenea observaţii. Nu oricine este în stare să descopere dovezile necesare. Pentru a putea emite o avaluare, este necesar să se studieze cercetările lui Paul Ekman, oarecum prezentate în serialul *Lie to Me*.[98]

---

[98] Paul Ekman Ph.D., *Emotions Revealed, Second Edition: Recognizing Faces and Feelings to Improve Communication and Emotional Life*, Holt Paperbacks; 2nd edition, 2007.

11 - TEHNICA REID

Prima oară aceasta metodă a fost publicată în anul 1962, apoi re-editate în 1986 și 2001. Mereu apar noi actualizări, reeditări. Totodată au loc și cursuri de formare pentru angajații din sistemul justițiar. Sunt cursuri și pentru cei interesați.

Acest mod a fost creat cu scopul de a minimaliza rezistența suspectului și de a recunoaște repede fapta comisă. Această tehnică poate fi aplicată, conform respectării normelor legale, persoanelor, care în aparență sunt vinovați, sau sunt destule informații care certifică că ei ar fi vinovați. În acest caz această tehnica poate fi aplicată după ce în prealabil suspecții au fost anchetați cu ajutorul comportamentului cognitiv, pentru a verifica convingerea subiectivă a anchetatorului despre vinovăția celui anchetat. De cele mai multe ori, acest mod de anchetare are nouă pași care trebuiesc parcurși, dar în caz de necesitate, se poat aplica numai câțiva pași într-o anchetă. De obicei se aplică modurile de acuzare, iertare, îndreptățire și provocare.[99]

Până să ajungem la analiza filmului din perspectiva acestei metode de anchetare, ar trebui să analizăm metoda ca atare. În ciuda faptului că inventatorii acestei metode susțin cu tărie că nu se face apel la șiretlicuri și presiuni psihice, totuși esența acestei metode recurge la aceste practici. Presiunea de tip psihică și manipularea sunt aplicate în acest caz pentru a neutraliza rezistența

[99] Inbau, F.E., Reid, J.E., Buckley, J.P., *Criminal interrogation and confessions fourth edition*, Gaithesburg, Maryland: Aspen, 2001.

celui anchetat. Totodată metoda în sine contrazice regula care afirmă că inculpatul poate să recunoască de bună voia fapta comisă. Susținătorii acestei tactici afirmă doar că aplicarea acestei metode crește șansa ca anchetatul să recunoască mai repede. Tot dânșii afirmă că nici una din tacticile aplicate nu determină o persoană nevinovată să recunoască o faptă necomisă, dar nu prezintă argumente și nici dovezi științifice, care ateste acest fapt.[100] Din punct de vedere practic, utilizarea tehnicilor de manipulare care includ elemente ale sugestiilor, pot determina, din cauza tensiunilor psihologice, ca persoana nevinovată să recunoască faptele pe care nu le-a comis. Aici se poate vorbi despre efectul lui **Othello**, descis pe larg de Paul Ekman.[101]

Comportamentul cognitiv a fost prezentat pe scurt în filmul *Under Suspicion*, în timp ce tactica aplicată avocatului se bazează pe metoda propusă de Reid. În film apare acuzarea, care are rolul de a semnaliza în mod direct, că anchetatul este acuzat de săvârșirea unei crime. Scopul anchetatorului este de a confrunta pe anchetat cu acuzele, apoi are loc analiza reacțiilor lui. Acuzarea trebuie repetată, a doua oară nu trebuie de creat ocazia celui acuzat de a respinge acuzei. Cu cât mai des suspectul respinge acuzele, cu atât mai dificil este procesul de a-l determina să-și recunoască vina.[102]

Prin întrebarea dacă avocatul știe care este motivul pentru care este chemat, este subînțeleasă și acuza. Conform cu ipotezele generale ale tehncii comportamentale cognitive și Reid, interogatorul care este conștient că avocatul a fost chemat având statusul de martor, cu ajutorul întrebării simple, îl confruntă cu eventualele acuze. Avocatul nu reacționează deloc la început, apoi

---

[100] Gudjonsson, G., *The Psychology of Interrogations and Confessions- a handbook*, Chester: John Wiley & Sons Ltd., 2003.

[101] Paul Ekman, *Emotions Revealed, Second Edition: Recognizing Faces and Feelings to Improve Communication and Emotional Life*, Henry Holt and Company, 2007.

[102] Jayne,B.C., Buckley, J.P., *Criminal interrogation techniques an trial. The Prosecutor*, "The Journal of the National District Attorney's Association" 25/2, 1991, 23-32.

afișează o reacție puternică, sugerând că a fost introdus în starea de tensiune emoțională. Această reacție întârziată indică faptul că avocatul este vinovat. Dacă ar fi reacționat imediat brusc, sau dacă ar fi apărut pe fața lui expresii (aici Paul Ekman ar fi vorbit de micro-expresii) de surprindere sau uimire, ar fi demonstrat că nu ar fi avut nci o legătură cu fapta pentru care este acuzat. Sau nici nu ar fi bănuit că poate fi bănuit că ar fi comis acea faptă. Următoarele acuzații, mult mai directe și mult mai provocatoare, sunt aduse de aprod, care intensifică tensiunea psihologică.[103]

Apoi apare iertarea. Această tactică are ca scop reducerea simțului de vinovăție al suspectului. Este foarte important ca la această etapă, comportamentul anchetatorului să fie prietenesc/amabil și pozitiv. Succesul acestei tactici depinde de modul anterior de comportament. În cazul în care anchetatorul are un comportament amabil cu anchetatul, atunci stima e mai mare. De fapt această stimă este unul din scopurile cele mai importante pe întregul parcurs al anchetei. La baza acestei idei este conform teoriei cunoașterii ipoteza că amplificarea sentimentului de vinovăție nu ajuta, ci îngreunează întreg procesul de recunoaștere a vinovăției. De aceea este necesar ca anchetatorul să sugereze anchetatului îndreptățiri de tip morale pentru fapta comisă.

Acest element nu apare în acest film. Este destul de dificil de a găsi o îndreptățire de tip moral. Acest tip de îndreptătire de a comite o crimă este idus în cadrul serialului *Dr House* sezonul șase, episodul 3. Însă în acest film, nu se poate găsi o justificare pentru cele două tinere ucise. O tentă de a determina o oarecare îndreptățire este acțiunea aprodului care explică modul de acțiune al tinerelor, care se îmbracă provocator, seduc și utilizează șantajul emoțional putând să pericliteze poziția socială a avocatului. Totuși avocatul nu a cedat.[104]

Justificarea are rolul de a elimina responsabilitatea pentru fapta comisă. Anchetatorul încearcă să conducă astfel discuția, încât avocatul să nu simtă nici o responsabilitate pentru fapta comisă. În

[103] Gudjonsson, G., *The Psychology of Interrogations and Confessions- a handbook*, Chester: John Wiley & Sons Ltd., 2003.

[104] Festinger, I., *A theory of cognitive dissonance*, St. Redwood City: Stanford University Press, 1957.

schimb, polițistul aruncă toată vina pe condiționările vieții și, cum se poate observa, vina este aruncata pe un aspect specific. Din punct de vedere teoretic, anchetatul este înca tratat ca o persoană, care cel mai probabil a cauzat o sitație fatală, totuși anchetatorul justifică comportamentul lui. Cu alte cuvinte, se pare că polițistul ar spune ceea ce s-a întâmplat este ceva normal, și înțeleg că ai fost obligat, că nu mai aveai scăpare, așa că te înțeleg foarte bine, și de aceea te susțin.[105]

Motivul general care justifică comportamentul avocatului este determinat de soția lui, și conviețuirea cu ea. Spectatorul a putut remarca faptul că avocatul și soția lui dorm în dormitoare separate. Mai mult, soția avocatului își acuză soțul că el ar fi avut o relație extraconjugală cu nepoata lui. Din această cauză avocatul este singur, izolat, frustrat și disperat. Aici avem de a face cu metoda minimalizării. Această metodă are ca scop ușurarea procesului de recunoaștere a vinovăției anchetatului prin oferirea, sau cum ar dori alții să spună, prin sugerarea îndreptățirii necesare dar și scăderea gravității faptei comise. De aceea polițistul afirmă de mai multe ori că înțelege situația avocatului, a vieții lui particulare. Prin afirmația că avocatul este izolat și singuratic și că iubește pe cineva care nu-l iubește, spectatorul poate deduce tensiunea emoțională indusă asupra anchetatului. Această amplificare a tensiunii este determinată și de faptul că avocatul, care își dorește să aibă copii, nu are, și conform afirmației polițistului anchetator, este foarte interesat de tinere, care i-ar putea dărui niște copii.[106]

Apoi urmează tactica provocării. Scopul aplicării acestei tactici este atingerea rezultatului decisiv, adică anchetatul să recunoască vinovăția. Cel mai bun moment pentru aplicarea acestei tactici este atunc când suspectul pare a fi relaxat, liniștit și renunță la contrazicerea argumentelor acuzatoare, renunțând la orice tip de comentariu. Atunci este momentul decisiv, adică distrugerea

---

[105] Koppen, P., *Finding false confessions*; R. Bull, T. Valentine, T. Williamson, *Handbook of Psychology of Investigate Interviewing*, Chichester: Wiley & Blackwell, 2009.

[106] Kassin, S.M., McNall, K., *Police interrogation and Confessions: Communicating promises and threats by pragmatic implication*, "Law and Human Behavior" 15, 1991, 233-251.

strategiei de apărare al anchetatului. Sunt mai multe posibilităţi de aplicare provocării ultime.[107]

Această tactică a fost transpusă în film într-un mod foarte interesant. Poliţistul face apel la acuzarea exagerată. Spectatorul poate observa cum avocatul este acuzat că a comis o faptă mult mai gravă, decât în realitate. Aşadar avem afirmaţia poliţistului care, pe baza declaraţiilor avocatului, îi impută şi o a doua crimă, ca fiind o agravantă. Chiar dacă avocatul era acuzat de săvârşirea unei crime, anchetatorul sugerează avocatului că poate să prezinte acuze şi dovezi pentru săvârşirea celei de-a doua crime. Mai mult, anchetatorul adaugă că de fapt inculpatul a premeditat fiecare crimă în parte. De asemenea, mai afirmă că aceste crime nu au fost comise din impuls sau din lipsa auto-controlului, ci pregătite din timp, în cel mai mic detaliu. Această afirmaţie este enunţată pe baza faptului că avocatul cunoştea victima de o lungă perioadă de timp. Trebuie să precizăm că poliţistul utilizează tactica poliţistul bun-poliţistul rău într-o singură persoană, a sa, iar acest schimb de comportament este unul alternativ. La început arată compasiune şi înţelegere, iar apoi îşi dezlănţuie răutatea şi agresivitatea psihică.[108]

Provocarea maximă a avut loc în momentul când anchetatorul a recurs la metoda prezentării treptate a dovezilor. Aceasta metodă este reliefată prin procedeul încet şi exact de a face cunoscut suspectului a declaraţiilor care dovedesc vinovătia lui, oarecum în mod indirect. Deoarece suspectul nu cunoaşte toate declaraţiile şi dovezile, de cele mai multe ori începe să improvizeze şi să mintă. Prezentarea suspectului a unei dovezi care de obicei rămâne la urmă şi care este dificilă de anulat din punct de vedere al utilizării argumentelor logice, poate determina pe suspect să-şi recunoască vinovăţia. De ce? Pentru că suspectul, fie el obosit, nu mai vede o altă cale de scăpare, şi este obligat să se recunoască învins. Aşa s-a procedat în cadrul acestui film. Avocatul a trebuit să recunoască, după prezentarea materialului tare, adică faptul că a fotografiat

---

[107] Paul Ekman, *Emotions Revealed, Second Edition: Recognizing Faces and Feelings to Improve Communication and Emotional Life*, Henry Holt and Company, 2007.

[108] Ekman, P., *Telling Lies: Clues to Deceit in the Marketplace, Politics, and Marriage*, W.W. Norton, 2001.

tinerele moarte, ca fiind „trofee". Anchetatorul l-a confruntat pe avocat cu dovezile vecinilor, apoi l-a confruntat cu declarațiile soției, apoi l-a confruntat cu informațiile că avocatul a utilizat în mod imoral internetul, apoi că vizita tinerele de moravuri ușoare. Toate aceste dovezi prezentate în mod treptat a distrus apărarea avocatului determinând sentimente de părăsire, izolare, disperare, pentru ca la final să fie obligat să recunoască că nu mai are nici o posibilitate de a mai lupta și de a se apăra de acuzele care îl incriminau. A fost obligat să recunoască că este de fapt un criminal. Sunt trei motive de a recunoaște o vină. Primul motiv este presiunea interioară determinată de aplicarea tacticilor care se bazează pe puterea sugestiilor, și aici vorbim despre tactica Reid. Al doilea motiv este presiunea interioară, determinată de simțul vinovăției în relația cu acuzarea de comitere a unei crime, încazul prezentat în acest film, este vorba despre relația avocatului cu nepoata. Al treilea motiv este relatia suspectului cu dovezile prezentate, mai ales atunci când el consideră că nu mai are rost să nege acuzațiile, mai ales când sunt prea multe dovezi și materiale, care îl incriminează. Această motivare este foarte importantă în momentul aplicării strategiei de folosire a evidențelor. În arealul acestei strategii, cele mai grele dovezi sunt prezentate martorului la urmă.[109]

Finalul este spectaculos. Reiese ca într-adevăr avocatul este nevinovat, iar toate declarațiile pe care dânsul le-a făcut, în care își recunoaște vinovăția, erau într-adevăr declarații false. Aceasta este disctincția cu o tematică foarte interesantă. Problema unei declarații false poate cnstitui un element auxiliar și complementar. Prin schimbarea totală a sfârșitului, autorii filmului s-au relaționat la tehnicile controversate, care includ elementele de presiune, sugestiile și manipulările. Autorii filmului au arătat cealaltă parte, inclusiv pericolul pe care aceste tehnici le includ.

Sunt și alte tipuri de tactici care pot determina pe suspect să colaboreze cu anchetatorul. Ultima parte a anzlizei structurii pe care o prezintă filmul despre anchetă are ca scop prezentarea cititorului cu celelalte tipuri de tactici și strategii, care au fost

[109] Sleen van der, J., *A structured Model for Investigative Interviewing of Suspects.*; R. Bull, T. Valentine, T. Williamson, *Handbook of Psychology of Investigative Interviewing*, 35-52, Chichester: Wiley & Blackwell, 2009.

utilizate.[110]

Această parte conține o scurtă prezentare a metodelor de tip general folosite de funcționarii din justiție și a organelor de anchetă cu scopul de a determina pe anchetați să colaboreze în mod fructuos.

Așadar avem de a face cu reducerea la absurd, când anchetatul vorbește în mod liber referitor la evenimentele și împrejurările de rigoare. Abia la urmă anchetatorul arată neconcordanța și lipsurile din relatările martorului. Referitor la film, polițistul anchetator indică absența câinelui în timpul jogging-ului și prezența patrupedului în momentul descoperirii cadavrului, dar și perioada de timp între descoperirea cadavrului și anunțul făcut la poliție.

O altă tactică este stimularea și utlizarea relaționărilor de tip emoțional. Din punct de vedere al eticii, acestă metodă este interzisă, deoarece induce un stres în plus anchetatului. Este un stres strâns legat de frică, și pune sub semnul întrebării viitorul anchetatului, dar și al celor apropiați lui. În film, această metodă apare sub formă exagerată, determină o distorssionare a realismului evenimentelor prezentate, și este declanșată de prezența soției avocatului în timpul discuțiilor cu anchetatorul. Această tehnică a fost folosită cu precădere în timpul interogărilor celor de la NKVD-KGB, cu scopul de a obliga pe interogat să recunoască forțat o faptă. În acest film, ne este prezentat o scenă destul de interesantă corelată cu metoda neetică. Teoretic poliția în cadrul democrației a renuțat la această tehnică.[111]

Strategia de autodezvăluire. Persoana care conduce ancheta, începe a dezvălui anumite informații despre sine cu scopul de a stabili o legătură cu persoana anchetată, care conform regulei de reciprocitate, la un moment dat, va începe să relateze ceva asemănător. În cazul filmului prezentat, tematica principală constituie viețile lor personale, în special detaliile legate de mariaj, schimbând idei și impresii despre mariajele lor eșuate.[112]

---

[110] Koppen, P., *Finding false confessions*; R. Bull, T. Valentine, T. Williamson, *Handbook of Psychology of Investigate Interviewing*, Chichester: Wiley & Blackwell, 2009.

[111] Ekman, P., *Telling Lies: Clues to Deceit in the Marketplace, Politics, and Marriage*, W.W. Norton, 2001.

Atenționările la simptomele de înșelăciune. Anchetatorul deseori a atenționat afișajul comportamental fizic al avocatului, între care putem menționa tonalitatea vocii, ritmul, sudoarea. Prin acest procedeu a realizat strategia definită, conform căreia anchetatorul trebuie să fie atent la anumite și certe afișaje fizice la suspect, care pot trăda dacă declarațiile făcute ssunt conform adevărului. Trebuie de menționat că această strategie nu trebuie să se bazeze pe indicatorii reali. Ajunge numai să declanșăm în suspect convingerea că semnele și semnificația definită pot indica minciuna.[113]

Jocul de-a polițistul bun și rău. Această strategie este una foarte bine cunoscută și aplicată foarte des în filme. Sunt doi polițiști. Unul care arată compasiune, înțelegere și amabilitate, în timp ce al doilea polițist prezintă părțile negative, și induce o stare de nervozitate combinată cu agresivitate, de preferabil pasivă, și în același timp este mereu suspicios. Această tactică apare și în filmul *Under Suspicion*, ori de câte ori apare aprodul, care este întruparea polițistului rău, utilizând și agresivitatea fizică în relația cu avocatul convocat. În schimb anchetatorul jucat de Morgan Freeman, lucrează împreuna cu aprodul și trebuie de remarcat că mereu este de partea avocatului, încercând să-l apere de agresivitatea tânărului polițist.

Privitor la secvența care ține de ancheta și structura anchetei suspectului, trebuie să-l atenționăm pe cititor că faptele și exemplele prezentate dar și referințele de tip teoretic nu epuizează toate elementele și nici aspectele imprtante, care au fost prezentate în evenimentele din film. Prin ceea ce am scris, sugerăm doar o direcție al analizei, care este posibilă de supus unei aprofundări. Noi am prezentat numai strategiile, tehnicile și metodele de a conduce o anchetă, care au fost totodată aplicate și în acest film. Așadar ceea ce am scris noi aici, trebuie considerat ca fiind o propoziție auxiliară, și nu o expunere sintetică a tacticilor de

---

[112] Joe Navarro Toni Sciarra Poynter, *Dangerous Personalities: An FBI Profiler Shows You How to Identify and Protect Yourself from Harmful People*, Rodale, 2014.

[113] Ekman, P., *Telling Lies: Clues to Deceit in the Marketplace, Politics, and Marriage*, W.W. Norton, 2001.

ancheță.

Literatura care abordează tacticile aplicate în criminalistică și în psihologia judiciară duce la o concluzie negativă. Cu cât situația suspectului este analizată în mod detaliat, și aceasta se poate observa în publicațiile care prezintă o multitudine de aspecte, abordarea și propzițiile privitoare la strategie, în special cele care prezintă noi modalități de a obține recunoașterea vinovăției, cu atât mai mult situația martorului, este marginalizată, sau chiar absentă. Autorii astfel de lucrări științifice acordă atenție la diferențierea martorilor, predispozițiilor lor, și relației specifice care există între ei și anchetat. Dacă se caută să se găsească strategii concrete sau tactici privitor la modull de anchetare al martorilor, se pot întâlni doarmetode și tehnici de bază, cum ar fi: relaționarea de tip liberă, adresarea de întrebări direcționate spre anumite răspunsuri, sau metoda de întrebări încrucișate, sau mai nou, interviul de tip cognitiv. Această limitare al metoelor de anchetare al martorilor poate rezulta din ipoteza, ca din cauza unității procesului de formare al declarațiilor, nu are sens de a aplica alte metode care să facă referință la evenimentele la care este supus anchetatul în timpul audierilor. Pe de altă parte este la fel de probabil că în timp ce acestui aspect îi este oferit o importanța mai redusă, trebuie să privim rezultatele în mod critic, iar în caz de nevoie, trebuie de considerat dacă este nevoie de aplicarea unor noi posibilități și metode de anchetare. La fel și filmul *Under Suspicion* permite numai o analiză de bază aplicată în timpul anchetării martorului, adică a soției avocatului.

Ideea de bază a filmului este anchetarea martorului-suspect. Sunt prezente elemente care pot fi utilizate cu succes în ceea ce privește anchetarea numai a martorilor. Imaginea prezentată de acest film este una oarecum onestă, sigură și cel mai probabil prezintă în primul rând discuția. În cazul unui martor, trebuie de luat în considerare că este foarte posibil de obținut informații cu grade diferite în ceea ce privește erorile și deficiențe. Filmul ca atare reprezintă un subiect interesant pentru analiza psihologică și impactul produs asupra spectatorului.

În film avem de a face cu două situații, în care este anchetat martorul. Prima situația este prima anchetă, dar din cauza declarațiilor sale, statusul său se modifică. Anchetă lui ca martor nu mai constituie obiect de analiză. Obiectul analizei constituie soția lui.

Analiza structurii anchetei martorului trebuie de început conform normei generale. Este vorba despre activitățile de bază, pe care anchetatorul este obligat să le respecte. Putem observa din start că anchetarea soției avocatului este oarecum suspetă. Dânsa singură vine la poliție, se autoanunța de fapt, de aceea statusul ei în momentul începereii anchetei de către poliițist este necunoscut. Dânsa merge la poliție pentru a obține informații despre soțul eii, dar singură devine informatoare, oferă declarații, și este transformată în mod automat în martor. Ignorând împrejurările atipice care însoțesc dialogul cu soția, polițistul face o eroare enormă. El, ca anchetator era obligat să ofere informații despre rolul ei în decurgerea evenimentelor. Dar nu i-a spus ei nimic despre rolul ei în întreaga ancheta. Așadar a comis o încălcare a eticii. Mai mult, a utilizat declarațiile ei, pentru a le confrunta cu declarațiile avocatului. Polițistul nu a menționat nimic despre drepturile și obligațiile ei, nu i-a spus că dânsa are posibilitatea să refuze să depună mărturie. În loc să se îngrijească de relația corectă, pur și simplu, a ignorat cu desăvârșire elementul de pregătire, și aici vorbim despre cunoașterea orientativă, al etapei de anchetare, și într-un mod abuziv, cu tentă de invazivitate, a adresat întrebările pentru a-și atinge scopul.

Ancheta formală a soției avocatului începe cu o discuție tipică liberă. La întrebarea cu caracter deschis să vorbească despre viața privată, a precizat imediat, că dorește să afle despre conflictul dintre soți, mai ales cu detaliul că au dormitoare separate. Asadar a încălcat regula obligatorie referitoare la această etapă a anchetei, adică asigurarea libertății de exprimare. Dânsa nu are posibilitatea să răspundă referitor la viața intimă cu soțul ei, datorită ingerenței polițistului, care adresează imediat o altă întrebare, și nu o lasă pe soția avocatului să dea răspunsuri lungi. Cu siguranță ne putem întreba care au fost rolul acestor întrebări. De vreme ce lui nu i-a păsat de răspunsurile oferite,, putem doar bănui, ca scopul lor a fost să provoace pe martor.

Imediat a cerut să spună despre seara în care a mers la sora ei, și iarăși nepăsându-i de răspuns a întrebat de ce dânsa nu a mers împreună cu soțul ei, ceea ce constituie o întrbare cu caracteristică închisă, sugerând că are toate informațiile necesare privitor la această tematică. De fapt constituie un element caracteristic pentru sistemele de întrebări încrucişate.

Trebuie de avut în atenţie că această metodă este aplicată martorilor care sunt consideraţi suspecţi şi că nu enunţă declaraţii sincere. Utilizarea diferitelor genuri de întrebări şi elementele auxiliare ale strategiei de manipulare, are ca scop descoperirea tuturor inconsecvenţelor din declaraţiile anterioare. În cazul soţiei avocatului, această metodă nu a avut fundamente, deoarece dânsa nu a declarat nimic înainte, şi ei nu aveau dreptul să o considere mincinoasă.[114]

Anchetatorul şi-a depăşit atribuţiile de mai multe ori, intrând în viaţa privată a soţilor. Aceste mici detalii nu au nimic în comun cu ancheta. Spectatorul poate avea impresia că anchetatorul încearcă din răsputeri să afle cât mai multe detalii despre viaţa lor privată şi cea sexuală, numai pentru a-şi potoli curiozitatea. Întrebând despre chestiunile care nu sunt corelate cu crimele, putem observa cum deseori face apel la atotştiinţa sa, care este numai de formă, cum ar fi întrebarea dacă dânsa nu regretă că s-a măritat cu cineva mai tânăr. Avem de a face şi cu lipsa eticii în relaţie cu soţia avocatului este şi afirmaţia că nu ştie cine este mai deviaţionist dintre cei doi soţi, dânsa sau dânsul. Acest tip de comportament nu este permis conform cu informaţiile prevăzute în manualele tacticilor criminalistice. Mereu se recomandă că trebuie de avut un comportament clar, uniform, cu menţinerea atitudinii obiective în relaţiile cu toate informaţiile oferite de martori. Este de aemenea recomandat de a accepta aprobator unele afirmaţii iar celelalte să fie acceptate în mod cinic, sceptic. De asemenea, în timpul anchetelor trebuie de evitat oferirea de răspunsuri, gesturi şi grimase, pentru a nu periclita relaţia cu informaţiile incluse în declaraţiile martorului.

Din punct de vedere al tacticilor criminalistice, este foarte interesant modul de apropiere şi abordare al nevestei avocatului, în timp ce dânsa povestea despre ceea ce s-a întâmplat într-o noapte, când soţul ei s-a întors târziu. Faptul că poliţistul a cerut mai multe detalii, nu înseamnă neapărat că s-a dorit aplicarea unei metode concrete, totuşi această dorinţă a lui poate face referinţă la o <u>metodă modernă de anchetare</u> a martorului, şi anume interviul de

[114] Edenborough, R., *Effective Interviewing-A handbook of skills and techniques*, London: Kogan Page, 2002.

tip cognitiv. Mai exact, prima etapă al acestei proceduri, de a reconstitui contextul mental. Această metodă are ca scop obținerea a cât mai multe informații interne și externe care acompaniază elementele care compun evenimentul în sine, și care au rămas întipărite în memorie. Pentru a reconstitui aceste informații, martorul este rugat să-și amintească în mod imaginar locul evenimentelor și explorarea imaginilor care apar în memorie. Datoria anchetatorului este să direcționeze căutarea martorului în memorie prin oferirea instrucțiilor necesare. În acest moment martorul este rugat nu numai să descrie elementele din fundal, dar să-și amintească toate sentimentele personale, emoții și trăiri, cum ar fi elementele vizuale sau/și auditive. Martorul trebuie să ofere o descriere completă a situației date, și trebuie să relateze ceea ce a văzut, ce a auzit, a simțit, a făcut și ce a spus, sau a gândit. Anchetatorul ar trebui să conducă martorul în așa mod, ca să retrăiască evenimentul, dar și să își amintească totul, inclusiv evenimentele care au determinat acea situație, dar și concluzia, iar apoi să relateze detaliat tot ce și-a amintit. Fundamentul teoretic al distincționării acestei faze a fost printre altele și cercetările asupra memoriei de tip episodic. Conform acestei teorii, s-a stabilit că redarea/reconstituirea contextului permite obținerea de informații auxiliare și ajutătoare în ordine de a obține informații, care au apărut în moentul observării și înregistrarea evenimentului întâmplat, dar care nu sunt accesibile prin utilizarea metodelor standard de anchetare.[115]

Interviul de tip cognitiv este o ramură relativ nouă, fiind teoretizată în anii 1980, în S.U.A. Această teorie este formată din reconstituirea mentală a contextului, apoi relaționarea tuturor evenimentelor, relaționarea evenimentelor în o ordine variată, iar la urmă era schimbarea perspectivei. Cu anii, la această schemă au mai fost adăugate interviul cognitiv îmbogățit sau interviul cognitiv modificat. Prin introducerea acestor noi elemente, s-au adăugat și raportul stabilit al relaționării, relaționare concentrata pe anumit element/eveniment, transferul controlului relaționării, adresarea de întrebări compatibile martorului, diferențierea și reconstituirea extensivă.[116]

[115] Tulving, E., Thomson, D.M., *Encoding specificity and retrieval processes in episodic memory*, "Psychological Review" 80, 1973, 352-373.

Este greu de dedus din filmul în sine, dacă s-a dorit ca detectivul a dorit obținerea informațiilor de tip particular-cognitiv, și dacă într-adevăr a vrut să aplice această strategie. Dar din cauza interviului de tip cognitiv și elementele de tip inovatoare aduse psihologiei, declarațiile martorilor trebuie analizate cu atenție și seriozitate, iar anchetele ar trebui să facă referire la acest nou procedeu. Putem considera că filmul chiar indică o astfel de abordare.

---

[116] Memon, A, Vrij, A., Bull R., *Psychology and Law: Truthfulness, Accuracy and Credibility* (2nd edition), John Wiley, 2003, 48-73.

12 - PSIHOLOGIA ÎN ANCHETE

Analiza prezentată referitoare la tacticile alese de anchetare a suspectului şi al martorului duce la abordarea tematicii din punct de vedere practic, luând în considerare utilitatea metodelor de întrebare, care depinde de împrejurări. Psihologul care doreşte să aprofundeze această tematică, trebuie să deţină anumite abilităţi în domeniul respectiv sau informaţii care ţin strict de acel domeniu. Totuşi competenţa sa profesională va fi dată de aplicarea teoriei şi a conceptelor psihologice care au rolul de îmbunătăţi şi a determina o creştere a efectivităţii anchetei. Trebuie de reamintit că scopul final al anchetei este obţinerea declaraţiei ultime a martorului sau al suspectului. Vom prezenta pe scurt care discipline psihologice sunt utilizate în situaţiile de anchete.

Privirea de ansamblu asupra conditionărilor psihologice corelate cu situaţia anchetei în sine nu poate fi prezentată făcând abstracţie de elementele esenţiale care premerg ancheta în sine. Pot fi identificate trei grupe de factori care pot influenţa declaraţiile martorilor. Avem factorii care abordează percepţia evenimentului, aici intră condiţionările observaţiilor dar şi gradul de implicare al emoţiilor. Apoi sunt factorii care ţin de persoana care observă, aici intrând procesele de cunoaştere, emoţionale, proprietăţile persoanei, dar şi atitudinile de tip individuale. Al treile grup de factori sunt cele care ţin de ascultarea declaraţiilor şi tehnicilor de anchetă, mai ales factorii care declanşează în suspect în timpul anchetărilor stresul, prin intermediul modului de adresare al întrebărilor, dar de asemenea, comunicarea interpersonală neverbală precum şi personalitatea anchetatorului. Abia după lurea în considerare a tuturor mecanismelor psihologice din fiecare din grupele mai sus menţionate, oferă posibilitatea de a observa cu atenţie tematica anchetei. Totodată crează fundamentul pentru a putea construi teoriile noilor tactici.[117]

Specialiştii din domeniul psihologiei care se ocupă cu declaraţiile, în special teoreticienii, se concentrează în cercetările lor în privinţa noilor soluţionări din punct de vedere tactic, asupra două idei mai importante. Este vorba de comunicarea interpersonală şi procesull formării declaraţiilor, împreună cu procesele cognitive şi condiţionările personale. În prima grupare a tacticilor, cea mai importantă concepţie conform căreia ancheta reprezintă un act al datoriei al comunicării interpersonale între anchetat şi anchetator. în acest caz, ambii participanţi încearcă să acţioneze şi să-l influenţeze pe celălalt atât în sfera verbală cât şi în sfera neverbală. Majoritatea tacticilor de anchetare al suspectului se bazează pe ipoteza mai sus prezentată. Aşadar conform celor menţionate anterior, datoria anchetatorului este să adreseze întrebări prin care să provoace un comportament al suspectului, şi care să declanşeze răspunsuri care permit o evaluare fie în sfera adevărului, fie în sfera minciunii.[118]

A doua grupare de tactici este destinată să fie aplicată în special în cadrul anchetării martorilor. În acest context, este esenţial colaborarea şi dorinţa de colaborare al martorilor. Cele mai inovative metode, create pe fundamentul oferit de conceptele alese ale memoriei şi percepţiei, au menirea de a ajuta martorul să-şi amintească detaliile importante legate de evenimentul relatat. Anchetatorul îndeplineşte în acest context rolul de ajutor şi nu de manipulator. El adresează martorului indicaţii auxiliare pentru a căuta, pentru a identifica, selecta dar şi pentru a reproduce urmele detaliate păstrate în memorie. Una din cele mai importante metode care se bazează pe o astfel de abordare, a fost deja descrisă în

---

[117] Joe Navarro, *What Every BODY is Saying: An Ex-FBI Agent's Guide to Speed-Reading People*, William Morrow Paperbacks, 2008.

[118] Paul Ekman, *Emotions Revealed, Second Edition: Recognizing Faces and Feelings to Improve Communication and Emotional Life*, Henry Holt and Company, 2007.

cadrul interviului de tip cognitiv, dar şi în modificaţiile care au apărut ulterior.

Chiar dacă în practică ancheta este condusă de reprezentanţii justiţiei, totuşi în mare parte , şi de mulţi ani psihologii aduc un important rol în dezvoltarea, inovarea şi perfectarea metodelor de interogare duse de poliţişti. Psihologia de tip judiciară este un domeniu mare pentru cercetare, cu un potenţial practic imens. Trebuie de abordat ca un conglomerat de tip interdisciplinar şi nu doar din punct de vedere legal sau psihologic. De aceea este necesar ca psihologii judiciari să deţina bagajul de cunoştinţe fundamental privitor la tacticile de anchetă.

Acest film pe care l-am abordat prezintă o tematică abordabilă cu o poveste foarte interesantă. Poate reprezenta un instrument important şi valoros în ceea ce priveşte ştiinţa psihologiei şi a declaraţiilor. În anumite cadre, abordează în mare cele mai importante strategii şi tactici, care permit aprofundarea din partea spectatorului interesat.

13 – COMPORTAMENT ŞI DEZVOLTARE

Omul de la naşterea sa se dezvoltă mereu. Această dezvoltare este continuă. Dacă ar fi să utilizăm o metaforă, am putea compara viaţa omului cu construirea unei clădiri. Din punct de vedere al timpului liniar, omul, pe parcursul vieţii lui, înfruntă diferite întâmplări şi evenimente, care mereu formează şi construieşte psihica umană. Mulţi consideră că această clădire de tip metaforică ar avea o formă anume. Totuşi mereu se întâmplă o schimbare, unele elemente sunt modificate, altele sunt reconstruite. Bineînţeles că sunt şi evenimente dramatice care declanşează o schimbare fundamentală în viaţa omului.

Ca ştiinţă, psihologia s-a interesat mereu de aceste mecanisme care sunt determinante ale formării omului, sau metaforic vorbind, îşi asumă răspunderea pentru construirea clădirii personalităţii. Cercetătorii manifestă un interes deosebit pentru primii ani de viaţă ai omului. Ei analizează experienţele din această perioadă de timp ca fiind forma care determină modul de funcţionare al omului. Cel mai important rol care determină crearea formei de dezvoltare, sunt părinţii şi relaţia care se formează cu progeniturile lor. De asemenea se ia în calcul şi contextul social în care se realizează procesul de formare.

Toate aceste influenţe devin fundamente în procesul de dezvoltare. Ele determină sistemul de valori, normele şi modelele de tip exemplar care influenţează atitudinile şi comportamentele.

Aceste elemente determină ca omul să devină o fiinţă socială. În acest context se cristalizează identitatea „eu"-lui propriu şi conştiinţa relaţiei „eu-tu". Această conştientizare este fundamentală pentru definirea „eu"-lui în contextul „noi" şi „tu". Trebuie să recunoaştem că fiecare dintre noi are nişte caracteristici specifice. Ele se caracterizează datorită dispoziţiilor interioare, care de cele mai multe ori se deosebesc în anumite situaţii bine definite.

Puţini cunosc ce se întâmplă când procesul de formare al omului apar evenimente potrivnice sau când se află în împrejurări care îi pot primejdui nu numai formarea, dar chiar şi existenţa. Cunoscând viaţa, trebuie să recunoaştem că arareori se întâmplă să ne aflăm în situaţii optime. Ca oameni avem la dispoziţie diferite strategii care ne ajută să înfruntăm cu vicisitudinile vieţii. Aşadar utilizăm mecanismele de autoapărare, pentru a ne feri de experienţele care ne primejduiesc. Dar ce se întâmplă când situaţiile potrivnice apar mult prea des, sau conţin o încărcătură presională prea mare? Cum influenţează ele formarea noastră psihică, şi identitatea noastră? Rămâne să mai întrebăm, cum poate o identitate formată sub asemenea elemente potrivnice să funcţioneze ca o identitate individuală în cadrul unei culturi în care domină standardele impuse de o entitate anume?

Este important de menţionat ca pe de o parte avem de a face cu psihopatologia înţeleasă ca o tulburare individuală corelată cu experinţele dificile, în special cele trăite în copilărie. Pe de altă parte, sunt cele care se manifestează în limitele funcţionării societăţii, de cele mai multe ori, în cadrul unei naţiuni care formează întregul.

Am putea oare să ajutăm pe omul care a experimentat situaţiile negative şi care declanşează un mod toxic de funcţionare? Toţi ştiu că această problemă intră în competenţele psihoterapiei. În acest caz, psihoterapia este un instrument care ajută psihologia. Ea are menirea de a readuce pe om în faza iniţială şi normală comportamentală, atât la nivel individual cât şi la nivelul întregii societăţi. Urmează să analizăm modalităţile şi însemnătatea ajutorului acordat unei astfel de persoane.

Filmul *The Wall* este cel mai bun exemplu pentru a prezenta procesul de construcţie al personalităţii prin construirea unui perete. Această metaforă subliniază caracterul specific al relaţiei dintre personajul principal şi restul lumii, inclusiv experimentarea traumelor, care simbolizează cărămizile adăugate în zid. Personajul principal creează în jurul său un zid pentru a se delimita de restul lumii. Conform filmului, totul este transformat de fapt într-o uniformă. Această uniformă obţine o identitate proprie şi totodată generează o serie de concluzii atât la nivel individual cât şi social, în special în rândul apropiaţilor săi. Toate relaţiile interumane sunt redate printr-o prismă globală. Acest zid determină întreaga societate să acţioneze într-un mod care afectează pe toţi în mod negativ. De fapt zidul devine o determinantă pentru violenţă, război, fundamentalisme, consumpţionism etc.

Filmul în sine prezintă în mod foarte sugestiv fundamentul nefericirii umane. Fiecare din noi construieşte zidul propriu pentru a se feri de loviturile din exterior. Acest fapt determină declanşarea mecanismului cunoscut sub numele de cercul vicios. Conform acestui mecanism, omul rănit care suferă produce mereu situaţii care mereu rănesc pe celelalte persoane, care la rândul lor, ridică propriile ziduri, se afundă într-o izolare tot mai profundă. Această izolare profundă este însoţită de suferinţă. Încercarea de a înfrunta suferinţele determină consecinţe şi mai grave. Astfel se aprofundează drama existenţială a omului, care nu este în stare să învingă tendinţa de a se izola de lumea întreagă.[119]

Filmul arată acest mecanism care reprezintă motivul de conştientizare a condiţiei omului contemporan, împreună cu înţelegerea altor procese care au un caracter global. Acest film prezintă nu numai diagnoza şi etiologia suferinţei care a cuprins lumea întreagă, dar arată şi modul de a scăpa din acest cerc strâns şi distrugător. Propunerea oferită este de a ieşi din izolarea impusă. Acest mod de tratare este propagat şi de psihoterapie. Mulţi specialişti definesc problemele fundamentale ale oamenilor ca fiind izolarea sinelui de lumea întreagă. Deoarece izolarea reprezintă esenţa bolii moderne, care ne face să suferim, singurul mod de a vindeca această boală este vindecarea, adică dărâmarea tuturor baricadelor pe care noi înşine ni le-am impus.[120]

Această propoziţie este foarte interesantă şi foarte ambiţioasă.

[119] Fromm E., *The Anatomy of Human Destructiveness*, Holt, Rinehart and Winston, 1973.

[120] Jesse F. Ballenger, *Self, Senility, and Alzheimer's Disease in Modern America: A History*, JHU Press, 2006.

După identificarea sursei de nefericire şi suferinţă, propune ce ar trebui să facem, iar prin soluţia propusă, omul se poate vindeca pe sine, dar în acelaşi timp poate vindeca şi lumea întreagă. Textele care apar în The Wall, ne face să conştientizăm capcana propriei identităţi, dar ne spune cum să facem ca să eliminăm această capcană.[121]

Acest film este inspirat din viaţa liderlui formaţiei muzicale *Pink Floyd*. Este un fel de biografie a cântăreţului, care a rămas orfan. Tatăl său a murit în luptele pentru Anzio în anul 1944. În anii 1970, cântăreţul a ajuns un star al muzicii rock. Succesul pe plan profesional a rămas umbrit de insuccesele înregisrate în viaţa privată. A divorţat de prima soţie, s-a certat cu colegii din formaţie. Succesul personal a fost umbrit de traumele pe care le-a experimentat în copilărie. Era foarte irascibil, a intrat în conflict cu fanii. Încercând să găsească un leac, a încercat să le transpună în muzica rock. Aşadar el a inventat zidul care se înalţă. Ideile lui au fost un element care au influenţat pe ceilalţi cântăreţi şi compozitori. Specifica filmului este dată de faptul că biografia nu este prezentată în mod cronologic, ci merge conform muzicii, şi constiuie o incursiune în lumea amintirilor, a nebuniei şi prezintă extremele. Drama cântăreţului este că a fost crescut de o mamă foarte posesivă, a fost înjosit de profesori în faţa clasei, totul culminând cu soţia care l-a înşelat. Toate acestea au declanşat motivul de a se izola de toată lumea construind un zid imens. Această imagine a influenţat pe foarte mulţi oameni.[122]

Muzica şi filmul în sine reprezintă o sursă foarte interesantă pentru experienţele trăite de autor. Totodată aceste experienţe pot fi descrise utilizând limbajul psihologic, pot fi supuse analizelor, demonstrând punctul de vedere esenţial al condiţiei şi existenţei umane.

Filmul începe cu prezentarea holului, apoi a femeii de serviciu, apoi apare imaginea unui soldat care fumează, îşi curătă pistolul şi apoi introducele gloanţele. Cel mai probabil, s-a dorit prezentarea tatălui care a murit în timpul atacului, aşa cum relatează şi filmul.

---

[121] Dimery R., *1001: Albums You Must Hear Before You Die*, Cassell Illustrated, 2013.

[122] Hiatt B., *Back to the Wall*, "Rolling Stone" 1114, 2010, 50-57.

Ne este prezentată scena dintr-o liturghie pentru soldații căzuți în război. Se poate observa o femeie care plânge și un copil, care se joaca cu un avion de jucărie. Urmează Pink care este la joacă, se joacă cu tatăl altui copil, pentru ca la urmă să-l împingă, plecând cu fiul său. Rămas singur, copilul încearcă să se legene în leagăn. Fundalul muzical are o tentă nostalgică și misterioasă, care sugerează că Pink a început să-și construiască zidul de apărare încă din copilărie, să se ferească de loviturile celor din jur, și sa fugă de durerea psihică. Prima cărămidă din zid este faptul că a crescut fără tată.

Cercetările psihologice au dovedit că lipsa tatălui, determină o dezvoltare psihologică mai lentă a fiilor. Au fost făcute cercetări în mai multe zone ale lumii. Aceste cercetări au confirmat faptul că lipsa tatălui - din diverse motive cum ar fi plecarea în misiuni, delegații și inclusiv părăsirea familiei- au același impact de întârziere a dezvoltării din punct de vedere psihologic. Aceste absențe din viața fiilor determină: nivelul scăzut de a obține realizări, incapabilitatea de a obține succese, autodesconsiderare, incapabilitate de a influența grupul și poate determina criminalitate infantilă. Aceste cercetări au demonstrat în același timp și gradul de diferențiere: fetele nu sunt expuse în aceeași măsură cum sunt băieții afectați de lipsa tatălui.

Lipsa tatălui în familie are repercursiuni în dificultatea acomodării în viața de adult. Este de fapt o premisă de a construi o relație matrimonială de tip toxică. De cele mai multe ori, bărbații care nu au crescut cu tatăl lor, la maturitate, dezvoltă comportamente care implică instabilitate sentimentală și cognitiv-rațională, sau sunt caracterizați de o activitate sentimental-sexuală redusă.[123]

Lipsa tatălui în familie se manifestă în special în relațiile cu grupul social. Fii care sunt crescuți fără tați, de cele mai multe ori ocupă funcții inferioare în cadrul grupului social. Ei au mai multe dificultăți în a înțelege legile și normele din cadrul grupelor sociale, și sunt mai puțin dezvoltați din punct de vedere social.

Cele mai noi cercetări au dovedit că cei ma mulți tineri activi pe <u>plan criminalistic provin din</u> familiile în care tatăl lipsea. Acest

[123] Bronfenbrenner, Urie, *Making Human Beings Human: Bioecological Perspectives on Human Development*, SAGE, 2005.

fapt se datorează lipsei părinților în procesul de creștere al copiilor, din cauza interacțiunii cu copii lor, lipsa banilor din bugetul familiei, sau în cazul în care tatăl apare în familie în intervale de timp, atunci au loc stări conflictuale între fii și tați. Cercetările au dovedit că în cazul în care băieții trăiesc cu tatăl lor biologic, comportamentele antisociale ale tinerilor scade cu 7,6%. În cazul tinerilor care locuiesc cu tații vitregi, comportamentul scade cu circa 5%. Toate aceste cercetări au fost raportate la cazurile în care băieții au crescut fără nici un tată. Tații au o influentă foarte mare în reducerea numărului de cazuri de aplicare ale violenței și a complicațiilor fiilor lor cu diferitele grupări de cartier.[124]

De ce tații au un rol așa de important în creșterea și dezvoltarea fiilor lor? Adevărul este că tatăl este un exemplu pentru fii săi în ceea ce privește masculinitatea lor. Tatăl reprezintă un exemplu variat în ceea ce privește arealul de situații care permit tânărului să învețe despre rolul sexual prin observație și chiar imitație. Observarea tatălui dar și probele de a reda comportamentul lui pot produce rezultatul de a asimila tiparul de reacții și comportamente, care devin fundamente în definirea și dezvoltarea masculinității. Se pare că acest tip de comportament nu poate fi asigurat de mamă, chiar dacă relațiile sunt foarte apropiate. Mama nu poate compensa lipsa tatălui. Nici o femeie nu este în stare să ofere tânărului acest tip de fundament psihic, care determină ca el să se poată identifica în totalitate cu rolul său masculin. În același timp, faptul că mama este mult prea protectivă, și care încearcă din răsputeri să compenseze rolul tatălui, determină o formare negativă a tânărului. De asemenea, bărbații care apar în mod sporadic în viața mamei nu pot recompensa acest deficit, deoarece acest proces deja se dezvoltă în viața tânărului. De aceea este un element care nu poate lipsi în crearea unei relații sentimental-emoționale profundă și desăvârșită cu bărbatul matur.[125]

Psihanaliza de tip clasică vorbește despre același tip de mecanism, la fel ca și susținătorii teoriei relaționării cu obiectul. Ei

[124] Cobb-Clark D., Tekin E., *Fathers and Youth's Delinquent Behavior*, "Melbourne Institute Working Paper Series- Working Paper", no 23/11. 1-48, 2011.

[125] Bly, R., *Iron John: A Book about Men*, Da Capo Press, 2004.

afirma că condiţia corectă pentru dezvoltarea copilului este crearea obiectului [tatălui] reprezentant, în mintea lui. În cazul unui băieţel, cel mai critic moment are loc între 3 şi 6 ani, când de fapt, îşi idealizează tatăl. Cu alte cuvinte, cum spunea şi Freud, în această perioadă, are loc solutionarea problemei lui Oedyp. Conform acestei teorii, esenţa problemei este că fiul o doreşte pe mama sa, şi intră în conflict cu tatăl său. După această perioadă critică, băieţelul distruge acest simţământ şi se autoidentifică cu tatăl său, ceea ce, conform tot lui Freud, îşi satidface poftele impulsurilor sexuale. Pentru a neutraliza acest complex, este primordiar contactul apropiat cu ambii părinţi. Când tatăl absentează, băieţelul nu poate înfrunta cu succes această problemă de dezvoltare, şi în consecinţă, nu este capabil să construiască şi nici să se identifice cu rolul masculin.[126]

Mama care este extrem de grijulie

Este normală tendinţa de a proteja progenitura de pericolele pe care le include lumea exterioară. Dar dorinţa mamelor de a fi exagerat de protective implică un comportament de tip invaziv. Acest subiect de exagerare protectivă a fost analizat încă de la începutul secolului trecut. Prin conceptul exprimat de termenii „exagerare protectivă" s-a anlizat atât exagerarea în sine, cât şi lipsa controlului matern în viaţa copilului.[127]

Trebuie să precizăm cititorului că noi facem distincţie între exagerearea protectivă şi comportamentul de tip seducător. Părintele care exagerează, este foarte alert şi controlează comportamentul copilului, indică dificultatea prin separarea de el şi îl determină să facă alegerea acţiunilor independente. Acest părinte se caracterizează prin prelungirea practicilor formelor de protecţie în perioada infantilă de dezvoltare a copilului. Totodată adultul manifestă şi un contact exagerat atât social cât şi fizic cu progenitura. Aşadar avem cazurile când mereu este în prejma

[126] Fanning P., McKay M., *Being a Man: A Guide to the New Masculinity*, Oakland, Calif.: New Harbinger Publications, 1993.

[127] Thomasgard M, Metz W.P., *Parental Overprotection Revisited*, "Child Psychiatry and Human Development" 1993, 24 (2), 67-80.

copilului şi mereu îl dădăceşte, îl alintă în mod exagerat, sau doarme cu progenitura în acelaşi pat, chiar dacă a trecut perioada copilăriei. Controlul exagerat manifestat de părinţi deranjează dezvoltarea autonomiei copilului, dar şi competenţele de tip social al copilului.[128]

Mama lui Pink Floyd l-a îmbrăţişat cu tendinţă exagerată de a-l feri de greutăţile din viaţă. Prin îmbrăţişarea cu braţele care îl leagănă, vindecă şi apără, aceste braţe se transformă în unelte care încep să înnăbuşe, înconjurând pe copil, care simte că este înconjurat de nişte ziduri. Cu alte cuvinte, micuţul devine prizonier, fiind izolat perfect de realitatea lumii înconjurătoare.

Se poate observa caracteristica de supra îngrijire din partea mamei odată cu melodia Mother. Este o melodie de tip delicată, coform cu tematica militaristă a filmului, iar pe fundalul acestei melodii, se poate distinge dialogul cu mama, redat în versuri şi referen.

Mother, do you think they'll drop the bomb?
Mother, do you think they'll like this song?
Mother, do you think they'll try to break my balls?
Ooh, aah, mother, should I build the wall?

Mother, should I run for president?
Mother, should I trust the government?
Mother, will they put me in the firing line?
Ooh, aah, is it just a waste of time?

Hush now, baby, baby, don't you cry
Mama's gonna make all of your nightmares come true
Mama's gonna put all of her fears into you
Mama's gonna keep you right here under her wing
She won't let you fly but she might let you sing
Mama's gonna keep baby cozy and warm

Ooh, babe, ooh, babe, ooh, babe
Of course mama's gonna help build the wall

---

[128] Levy D.M., *Maternal over-protection and rejection*, "Journal of Nervous and Mental Disease", 73, 1931, 65-77.

Mother, do you think she's good enough for me?
Mother, do you think she's dangerous to me?
Mother, will she tear your little boy apart?
Ooh, aah, mother, will she break my heart?

Hush now, baby, baby, don't you cry
Mama's gonna check out all your girlfriends for you
Mama won't let anyone dirty get through
Mama's gonna wait up 'til you get in
Mama will always find out where you've been
Mamma's gonna keep baby healthy and clean

Ooh, babe, ooh, babe, ooh, babe
You'll always be a baby to me

Mother, did it need to be so high?
În acest film, scenele care o prezintă pe mama lui, se întrepătrund clișee din mariajul lui Pink. Acest fapt confirmă într-o oarecare măsură ideea formulată de Freud, că mama devine pentru tânăr o atracție sexuală. De asemenea se face refeința că în relația cu ambele femei, a avut eșec. Așadar avem pe copil care se teme de umbra din cameră, merge să doarmă în patul mamei, pentru ca mai apoi să vadă că locul lui este un schetelet uman, ceea ce ar sugera că mama nu acceptă și nu poate răzbate prin viață din cauza pierderii bărbatului. În același timp încearcă să explice rațiunile pentru această exagerare de îngrijire manifestată în relația cu fiul ei. Cu alte cuvinte, mama a contribuit și dânsa cu o cărămidă în zidul creat în viața cântărețului.[129]

---

[129] Thomasgard M, Metz W.P., *Parental Overprotection Revisited*, "Child Psychiatry and Human Development" 1993, 24 (2), 67-80.

14 – PROBLEMA ÎNVĂȚĂMÂNTULUI

Una dintre tematici abordate de Pink Floyd, care a devenit un ecou în recepția generală, este școala. Toți am auzit refrenul *We don't need no education*. Bineînțeles că acest referen a fost înțeles greșit. De fapt autorul a vrut să exprime că refrenul ataca de fapt o anumită caracteristică a educației. Autorul făcea apel la înlăturarea metodelor de tip agresiv, cum ar fi dezaprobarea și batjocorirea elevilor din cauza ideilor și viziunilor lor.

În partea *Another brick in the wall* ni se prezintă un elev care îl reprezintă pe Pink Floyd la școală. Profesorul se apropie de el, îi ia caietul și citește cu voce tare ceea ce a scris micul Pink. Citește tare ca toată clasa să audă. În mod batjocoritor îl numește pe Pink „poet". Se aud râsete. Ca o concluzie, profesorul utilizează cuvintele absolute rubbish, iar ca mod de pedepsire, îl lovește pe copil cu linia. Cei care au terminat școala în România, cam știu amenințarea profesorului Ai să ai de a face cu linia cu trei canturi. Recunosc că și eu am avut de a face cu astfel de pedepse: la lecțiile de religie popa mă forța să stau în fața clasei și-i punea pe colegii mei să râdă de mine, numai pentru motivul că nu eram educat în religia țării; am avut de a face cu linia cu trei canturi pentru că nu aveam batistă albă, sau pentru că aveam părul puțin mai lung. Revenind la tematica abordată de Pink Floyd, după ce profesorul l-a înjosit, continuă lecția ca și cum nimic nu s-a întâmplat. Muzica de fundal subliniază că timpul petrecut în școală a fost unul foarte nefericit pentru micul Pink.

Apoi urmează scena când vedem pe profesorul care stă la masă cu soția lui și mănâncă cina. Pe fundal apare un motiv muzical care poate fi încadrat ca fiind de tip psihopatică. Profesorul care seamană spaimă în elevi, se teme de soția lui, care îl disciplinează fără să rostească nici un cuvânt, forțându-l să mănânce o bucată tare de carne, pe care încearca să o scuipe în ascuns, fără să fie văzut. Scena se termină cu profesorul care pedepsește copii. Se pare că această pedepsire îi creează plăcere și satisfacție. Imaginea creată de acest comportament este una extrem de urâtă. Insuccesele sale le transpune în violența manifestată în relația cu elevii săi. Din scenele pe care le putem vizualiza, deducem că soția lui îl maltratează verbal și fizic, ceea ce îl obligă pe el să transmită această violență copiilor. În versiuni mai noi, apare lait-motivul profesorului care spune despre Pink, că de la început știa că nu va ajunge un om bun.

Un alt mod de a descrie școala, ca un sistem de tip social, este prin aplicarea metodei conflictuale. Toți cei care am prins încă reminiscențele de tip totalitare în școli, am observat crearea de structuri de dominație în școli. Astfel, nu toți erau permiși în cercul macho-man, era o anumită scară ierarhică, și se creau selecționări. Școala în viziunea lui Pink este și o aplicare a modelului de tip birocratic caracterizată fiind de specificul obiectiv, ierarhic, prin privare de personalitate, diferitele tipuri de hârtii semnate și contrasemnate etc. Aceste mecanisme efective au impus omului în formare o voință care provine din exterior, o voință străină, transformând pe om într-un sclav al societății. Toate aceste elemente au fost redate în secvența care prezintă pe elevii înșiruiți, care merg în șir indian, primesc măști care le ascund personalitatea și unicitatea. Ei merg spre o mașină care toacă carne. Această scenă face referință la sistemele totalitare care au marcat omenirea, și care au produs milioane de vicitime.[130]

Binеînțeles că educația a fost și un instrument de tortură-constrângere. Acest fapt a determinat apariția teoriilor care luptă cu această educație ca instrument de violență. Asadar a apărut curentul antipedagogic care abordează educația ca fiind un element de violare a libertății umane a copilului, și care distruge autonomia lui. Cu alte cuvinte, înțelege educația ca fiind o opresiune bazată pe violență. De altfel, educația reprezenta un simbol al violenței,

---

[130] Hiatt B., *Back to the Wall*, "Rolling Stone" 1114, 2010, 50-57.

fiind supusă guvernului, şi prin care se crea, cel puţin în spatiul Est-European, crearea homo sovieticus. Este adevărat că în perioada totalitaristă, educaţia avea rolul de a întări relaţiile deja existente de dominare. Prin acţiunea de tip pedagogică, s-a încercat îndoctrinarea prin transmiterea de idei şi comportamente, care, a drept vorbind, reprezenta un mod obiectiv de transmitere a violenţei combinată cu agresiunea.[131]

Un alt curent este pedagogica de tip critică. Acest curent are ca scop demascarea şi demistificarea elementele ascunse ale pedagogiei, punând în discuţie fundamentele teoretice ale pedagogiei, dar şi formularea de întrebări referitoare la scopul educaţiei în general. Datorită acestuii curent au apărut cercetări care arată rolul şcolul, ca fiind un areal destinat diferenţierilor fizice, simbolice şi structurale ale violenţei. Educaţia are rolul de a pune capăt analfabetismului funcţional, introduce în cultura superficiala a muncii şi pune capăt interesele individului. Ultimul element care spune totul, este scena când profesorul îl pedepseşte pe micuţul Pink pentru creativitatea şi deschiderea sa.

O altă temtică care trebuie abordată este agresivitatea psihologică din şcoli. Acest fenomen se bazează pe forţarea totală a elevilor de a se supune viziunilor şi ideilor prezentate de profesori, lipsa şi incapacitatea de a alege o altă variantă în afară de cea prezentată şi impusă de profesor, impermisibilitatea de a se exprima, dar şi aplicarea forţei fizice. Toate aceste relităţi fac parte din şcoala vieţii care devine o instituţie de tip totalitaristă, în condiţiile de forţare.[132]

Aplicarea violenţei de profesor, determină ruperea relaţiei de educaţie dintre profesor şi elev. Violenţa care apare în acestă relaţie a determinat pe foarte mulţi elevi ruperea de şcoală, prin absenteism şi contestaţii. Una din feţele acestei contestaţii este şi răscoala elevilor în film. Primul pas începe cu scoaterea măştilor, intoarcerea băncilor, apoi are loc demolarea şcolii, şi izbesc în

---

[131] Bronfenbrenner, U. *Soviet methods of character education*. American Psychologist, 1962, 17, 550-564.

[132] Banyard, P., *Tyranny and the tyrant: From Stanford to Abu Ghraib*. [Review of the book *The Lucifer effect: Understanding how good people turn evil*, by P. G. Zimbardo]. The Psychologist, 2007, 20, 494–495.

ziduri permiţând focului să o mistuie. Chiar dacă acestă scena se petrece în mod mental, este prezentată în mod realistic daca ne raportăm la imaginea elevilor care mărşăluiesc spre maşina de tocat carne.[133]

Dupa cum se poate observa, rolul educatorului şi relaţia lui cu elevul, din punct de vedere teoretic, trebuie să îndeplinească câteva cerinţe din punct de vedere al profesionalismului, asemănător prefesionalismul îndeplinirii meseriei de doctor. Destinul elevului depinde de profesor. Greşelile înfăptuite de profesori pot să aibă un termen prelungit din perspectiva vieţii idividului. Totuşi această greşeală comisă de profesor poate să aibă de asemenea influenţe negative pe plan social global. Erorile fundamentale pe care le poate coite profesorul, greşeli care pot constitui elemente care să una în dificultate dezvoltarea formării elevului sunt: lipsa unei perspective a elevilor în cadrul cunoaşterii situaţiei în care se află, impunerea rolului propriu, lipsa compătimirii, etichetarea etc.concluzia este că profesorul devine cel care impune diferite diagnosticuri. Fiecare din elementele menţionate devine o cărămidă în zid.[134]

Relaţiile cu apropiaţii

Concluziile traumelor experimentate în copilărie apar în cadrul maturităţii, în arealul dat de relaţiile interpersonale, în special în cadrul relaţiilor celor mai apropiate. În acest areal apar loviturile primite de la părinţi, în special rănile provocate de mamă. Din nefericire se întâmplă astfel, deoarece relaţia cu mama este primul tip de relaţie pe care o construim în cadrul vieţii. Acest tip de legătură devine un model care determină caracteristica relaţiilor noastre proprii cu ceilalţi oamenii, sau, dacă vorbim din punct de vedere general, cu întreaga lume. Pe baza acestui tip de relaţie se crcează fundamcntcle idcntităţii proprii împrcuna cu valoarca dc încredere pe care o putem oferi oamenilor şi lumii în general, şi care ne oferă informaţii despre siguranţă. De cele mai multe ori, părintele devine prototipil partenerului, şi pe baza acestei tip de

---

[133] Cushman Ph., *Why the Self Is Empty Toward a Historically Situated Psychology*, California School of Professional Psychology, Berkeley Alameda, 1992.

[134] Aronson, E., *Human – a social being*, Worth Publishers; 11 edition, 2011.

relații, construim celelalte relații interumane. În cadrul relațiilor interumane de parteneriat, vom repeta schematele de intrare și de reacționare la modul de apropiere al celuilalt, și putem observa că se fac remarcate caractersticile relației pe care am avut-o cu mamele noastre.[135]

Indiferent de încărcătura istorică, relațiile interumane apropiate conțin o dinamică proprie. A fi cu un om nu este numai o co-existență uniformă și invariabilă. A fi cu un om reprezintă un proces continuu în care se schimbă ambii parteneri, dar se schimbă de asemenea și relațiile de parteneriate. Ele pot determina o experiență negativă, care se suprapun pe baza experienței dureroase avute în copilărie în cadrul relației părinte-copil. Caracterul relațiilor de tip apropiat nu este corelat doar cu zidul pe care omul l-a construit împrejurul lui, ci devine o altă cărămidă din acest zid.

Acest proces apare pe fundalul meloodiei Empty Spaces. Ca element sugestiv, apar două flori care simbolizează pe bărbat și pe femeie. Cupele florilor sunt îndreptate una spre cealaltă și se creează impresia că se adoră reciproc. Apoi floarea bărbătească intră în cea femeiască, totodată ne este prezentată șizborul unor porumbei. Dispoziția este una care induce speranța, florile denotă și actul matrimonial, ceea ce denotă stabilirea unei legături sigure între cei doi oameni. Totuși florile se despart, și avem de a face cu o luptă feroce între ele. Lupta este întreruptă de o pace relativă, cu o adorare reciprocă, pentru ca apoi floarea femeiască să mănânce floarea masculină, se transformă într-o pasăre îngrozitoare, mai bne am spune un pterodactil, și zboara undeva departe.

Această reprezentare este una foarte simplistă pentru a ilustra dinamica relațiilor dintre un bărbat și o femeie.iubirea, ca fundament al relației de apropiere se exprimă în trei aspecte: intimitate, pasiune și angajament. Intimitatea este un sentiment pozitiv și determină o acțiune de legătură, apropiere și interdependeță a partenerilor. Pasiunea este o constelație formată din emoții pozitive și negative, care se exprimă în dorința și apropierea de tip fizică. Angajamentul este înțeles a fi deciziile, gândurile, sentimentele și acțiunile îndreptate spre modificarea relației de iubire într-un marjaj care nu poate fi distrus. În prima

---

[135] Bowlby, J., *Attachment and loss*, Vol 3, New York: Basic Books, 1980.

fază a relaţiilor care durează de o perioadă de timp, poate fi caracterizată ca fiind o relaţie pasională. Totuşi după o perioadă, această relaţie pasionala dispare imediat. Intimitatea se dezvoltă pe o perioadă mai lungă de timp, pentru a atinge zenitul, după care încet descreşte din punct de vedere al intensităţii. Angajamentul în prima fază este foarte firav, pentru ca treptat să crească, obţinând valoarea maximă mult mai târziu, şi se menţine cam la aceeaşi dimensiune pe o foarte lungă perioadă de timp.[136]

O astfel de dianmică a relaţiei interumane poate crea situaţia ca dupa un timp, ceea ce a reprezentat atractivitatea principală să dispară. Gradul de îndrăgostire şi fascinaţia de tip sexuala dispare cu timpul, iar între participanţii relaţiei intervin presiunile care duc la conflicte, pentru ca la urmă să apară pustietatea. Trebuie de precizat că în cadrul relaţiilor de lungă durată, cu timpul pot apărea imposibilitatea de a recompensa pe partener şi în acelaşi timp creşte probabilitatea de a experimenta stări negative. Chiar dacă relaţiile apropiate sunt esenţiale, şi reprezintă cel mai important element care ne defineşte ca oameni, poate totuşi porni şi să niveleze deficitele de tip psihologic corelate cu această sferă experimentală din natura umană.

Cum spuneam, Pink Floyd a avut şi încă are probleme cu crearea şi menţinerea vieţii matrimoniale. După primul mariaj, între el şi soţia lui a apărut un zid de indiferenţă. Putem observa că are dificultăţi în a se înţelege cu soţia sa. Cel puţin aşa prezintă filmul, că singur vinovat este Pink. Soţia îi reaminteşte mereu, cu o tonalitate acuzatoare în glas, utilizând caracteristica generală a soţiilor când se exprimă soţilor. Dar chiar Pink era mereu indiferent? Răspunsul este oferit când dânsa îl înşeală cu şeful grupării de tip pacifiste. Pink încearcă din răsputeri să o contacteze, dar fără succes.[137]

Acest tip de relaţie aminteşte de fapt relaţia de tip toxică prezentă într-o persoană dependentă de iubire şi persoana dependentă de evitarea apropierii. În acest caz, Pink este reprezentatul celei de-a doua tipologii. Acest sidrom este

---

[136] Aronson, E., *Human – a social being*, Worth Publishers; 11 edition, 2011.

[137] Mellody P., *Facing Love Addiction: Giving Yourself the Power to Change the Way You Love* HarperOne, 2003.

caracterizant pentru persoanele care încearcă să evite experiențele instensive dintr-o relație, dar manifestă o activitate neobișnuită înafara acestei relații. De altfel, dependenții care evită experiențele intime refuză să se deschidă în fața partenerului, ca să se ferească de o eventuală rănire din partea partenerului. Esența acestui sindrom este de a menține distanța sigură utilizând o gamă variată de metode și atitudini. Printre acestea se numără crearea unui zid de tăcere, utilizarea distracțiilor și delimitarea de trăirile proprii în cadrul relației cu partenerul. Toate acestea duc la izolare și determină apariția riscului de părăsire a partenerului, care nu este în stare să elimine zidul indiferenței.[138]

Cel dependent de evitarea intimintății funcționează în cadrul relației pe baza etapelor de tip emoțional bine stabilite. Ca un prim pas, este atras de deficiența și vulnerabilitatea dependentului de iubire. Urmează seducerea și stabilirea relației. Apoi cel care evită intimitatea cade în euforia cauzată de lingușelile aduse de dependentul de iubire. Urmează perioada când se simte parte componentă a spiritului persoanei dependente de iubire, și se simte controlat de vulnerabilitatea și necesitățile ei. Apoi urmează părăsirea cauzată de o dependență, numai ca să calmeze și să îndulcească această acaparare. În ultima etapă revine la partener din cauza fricii de singurătate, începând din nou același ciclu emoțional.[139]

Sursa acestui sindrom sunt trăirile din perioada copilăriei, când domina relația de ademenire între copil și părinte. Această relație se bazează pe controlul exagerat, dar și constituit de așteptarea, ca progenitură să dezvolte necesitatea de a-și astâmpăra pofta, și pentru a fi nivelate deficiențele persoanei adulte. Într-o astfel de relație, copilul simte nevoie de a-și astâmpăra necesitatea de a avea o companie amiabilă, de a fi în centrul atenției și să simtă că este iubit de părinte, care, din diferite motive, nu este în stare să dobândească acest beneficiu în relația matrimonială proprie. Acest

---

[138] Mellody P., *Facing Love Addiction: Giving Yourself the Power to Change the Way You Love* HarperOne, 2003.

[139] Ainsworth, M.D.S., Blehar, M.C., Waters, E., Wall, S, *Patterns of attachment: A psychological study of the strange situation*, Hillsdale, New York: Erlbaum, 1978.

gen de situații de celel mai multe ori apare în familiile incomplete, unde copilul este crescut de numai unul din părinți. Așadar există riscul ca progenitura să fie utilizată de părinte pentru a recompensa lipsurile cu care se confruntă și pentru a-și stăvili dorințele proprii.

O situație asemănătoare avem și în film. Mama care îl controlează în mod excesiv devine prototipul femeii care pe de o parte dorește enorm de mult, pe de altă parte se teme foarte tare.

Apare frica de a fi parte componentă a noii creații, se teme de întrepătrunderea în relația de apropiere a partenerei. De fapt, aceasta senzație este introdusă de melodia *Don't Leave Me Now*. Asadar putem oobserva pe eroul nostru care își imagineaza că este atacat de femeie, care ia diferite forme, numai pentru a-i înghiți întreaga fiintă în interiorul ei. Problema lui Pink este ca are o atitudine ambivalentă, iar acest tip de comportament devine pe parcursul timpului, insuportabilă. Orice face, aici intra și deciziile pe care le ia pe plan personal, mereu pierde și mereu experimentează suferința. În momentul când conștientizează aceasta, distruge televizorul în momentul când pe ecran apare un cuplu fericit.[140]

Trebuie să avem în vedere stilul de relație și de a se face plăcut cuiva. Aceste stiluri depind de așteptările oamenilor privitor la relațiile și contactele cu ceilalți, care reies din genurile de legături avute cu cei din copilărie, în special cu părinții. Primul tip de relație-legătură se bazează pe simțământul de siguranță, se caracterizează prin credibilitate, lipsa fricii de a fi părăsit/renegat, dar implică și conștiința că se află în preajma unei persoane valoroase și plăcută ca atare. Al doilea tip de relație-legătură se bazează pe evitarea apropierii, și se caracterizează prin supresia necesității de a lega contact de tip intim cu celălalt om, deoarece acest tip de necesitate s-ar termina în viitor cu un mare insucces. Al treilea tip este frică amestecată cu ambivalență, și se caracterizează prin neliniștea care reiese din nesiguranță, dacă celălalt om răspunde la necesitatea de a stabili un contact intim.[141]

---

[140] Hazan C., Shaver, P., *Roman love conceptualized as an attachment process*, "Journal of experimental Social Psychology", nr 22, 1987, 276-291.

[141] J. McGraw, loneliness: J. McGraw, *God and the Problem of Loneliness*, Religious Studies 28:3 1992.

În cazul lui Pink Floyd, avem de a face cu o amestecătură între stilul de a evita și stilul frică-ambivalentă. Îl vedem pe Pink ca omul care se ascunde după zidul idiferenței combinat cu tăcerea, dar și pe omul care caută o persoană care să-i fie mereu alături, chiar dacă este terorizat de frica intimității.

Ca o completare, fiecare poate să facă un test care să determine ce fel de persoană este. Trebuie de ales doar afirmația care descrie cel mai bine legăturile sentimentale și care sunt corelate cu stilul de a stabili o legătură. Fiecare trebuie să aleagă între afirmațiile: a) stabilesc relativ ușor relații cu ceilalți oameni și nu mă simt cremponat că depind de cineva și nici că cineva depinde de mine, nu mă îngrijorează faptul că cineva poate să încheie relația cu mine, sau că cineva dorește să se apropie de mine prea tare; b) stabilesc contacte apropiate, mă simt ușor cremponat, nu am încredere deplină persoanelor cu care am de a face, mi-e greu să depind de cineva, mă cuprinde nervozitatea când cineva încearcă să aibă contacte apropiate, iar partenerul meu iubit așteaptă deseori o deschidere mai mare spre relații intime, are așteptări mai mari pe care eu nu le pot accepta, fără să mă expun sentimentului de jenă; c) m-am convins că oamenii stabilesc legături apropiate fără tragere de inimă, așa cum doresc eu, deseori mă tem că partenerul meu nu mă iubește, sau că nu dorește să-și petreacă viața cu mine, îmi doresc să mă conectez cu persoana iubită, dar acest vis îi fugărește pe oameni de lângă mine.

Cum trebuie de luptat cu singurătatea și izolarea

Singurătatea este experiența cea mai grea de comunicat altor persoane. Asta dacă se poate exprima în cuvinte omenești, bineînțeles. De regulă, singurătatea nu poate fi transpusă în concepte omenești, care să fie înțelese de ceilalți. Totuși în filme se reușește pe de o parte să fie transpusă la fel cum a reușit și Pink Floyd. Deseori apare motivul hotelului, și cum Pink stă în fața televizorului pornit și fumează. Acest motiv apare și în filmul *Requiem of a Dream*, persoana siguratică stă în fața televizorului, seara. Scena din filmul biografic se dezvoltă într-un mod din ce în ce mai mai sumbru și negativ, ca o consecință a singurătății.

Cum să definim singurătatea? Am putea accepta că este o stare neplăcută determinată de multitudinea de nemulțumiri rezultate din conexiunile cu celelalte persoane. Oamenii singuratici doresc din toată inima o apropiere și stabilirea unei relații corelate cu sensul existenței, dar acești oameni au o posibilitate limitată. Ea poate fi clasificată ca fiind un neajuns al neabilității din punct de vedere social. În momentul când omul nu poate realiza cerințele sau necesitățile celor apropiați din punct de vedere al contactelor de tip emoțional, atunci realitatea care îl încojoară, sau mai bine zis îl asediază, devine o realitate lipsită de sens și atunci este invadat de teroare.[142]

Rezultatul izolării și al înstrăinării față de societate este teama. În film, Pink încearcă să lupte cu această frică construind zidul.

Fenomenul singurătății poate face referire la fenomenele care sunt apropiate din punct de cedere psihologic, cum ar fi înstrăinarea sau chiar alienare. Aceste concepte sunt confundate, și chiar identice. Alienarea poate fi înțeleasă ca fiind subiectivă sau obiectivă, dar și combinată (amestec de subiectivism cu obiectivism), este o rupere de elementele importante ale realității sociale, cum ar fi de ceilalți oameni sau valori, fie poate fi ruperea de sine, în special ruperea de gândurile, sentimentele și chiar modul propriu de comportament. Contradicția alienării așa cum am definit-o mai sus, este înrădăcinarea în realitatea socială. Alienarea poate fi împărțită în simțamântul anomiei, adică o așteptare, că modul de comportament neaprobat este obligatoriu pentru a reuși atingerea scopurilor. Apoi este simțământul de slăbiciune, cqnd omul nu mai are minimum de claritate în ceea ce ar trebui să creadă. Simțământul izolării definite ca fiind atribuite unor valori și convingeri joase, dar care reprezintă valori înalte pentru societatea în care se trăiește. Simțământul autoînstrăinării, adică imposibilitatea de a se angaja în activități autorecompensative.[143]

Accentuarea izolării lui Pink reprezintă scena, și în special momentul când se așează ultima cărămidă pe zidul care îl înconjoară. Ilustrarea muzicală al acestui moment este dată de melodia *Goodbye Cruel World*. Această imagine poate fi considerată ca fiind imaginea metaforică a morții lui Pink, moarte cauzată de zidul care îl izolează. Această imagine poate fi

---

[142] J. McGraw, loneliness: J. McGraw, *God and the Problem of Loneliness*, Religious Studies 28:3 1992.

[143] J. McGraw, loneliness: J. McGraw, *God and the Problem of Loneliness*, Religious Studies 28:3 1992.

considerată ca fiind și o cădere într-o conduită sterotipă combinată cu stupoare mentală.

Problema singurătății în psihologie este subapreciată și foarte slab descrisă, chiar dacă este o experiență cunoscută foarte bine la nivelul întregii omeniri. Cercetările care sunt făcute asupra acestui fenomen care atacă puternic secolul nostru, abordează problematica fiind o caracteristică sau chiar o dispoziție psihologică. Rezultatele obținute indică relația existentă dintre singurătate cu subevaluarea, cu nivelul scăzut al valorii „eu"-lui personal, cu slaba dezvoltare din punct de vedere social, cu nivelul ridicat al agresivității, cu dificultățile de exprimare, cu certitudinea că persoana nu este capabilă să controleze situațiile interpersonale și nu în ultimul rând cu exagerarea egocentrismului. Toate aceste elemente pot fi observate cu ușurință în filmul biografic. Singurătatea lui Pink se întrepătrunde cu starea introversivă și cea neurotică, care devin măsurători pentru nivelul personalității și care îngreunează aplicarea din punct de vedere social. Aceste caracteristici menționate ale perosnalității singuratice trebuiesc tratate cu mare grijă, deoarece studiile psihologice făcute nu oferă un fundament clar pe care să se enunțe o afirmație cu tentă de teoremă.[144]

Rezultatele altor cercetări indică faptul că tinerii care se plâng pe baza simțământului de singurătate, obțin, în comparație cu tinerii care nu declară simțământul singurătății, rezultate mai mari raportat la scara simtomelor paranoice.aceste simptome psihotice sunt o consecințăa singurătății îndelungate. Astfel momentul în care Pink aproape că distruge camera și aruncă televizorul spărgând geamul, constituie un comportament psihotic. La fel și tentativa sa de a se arunca de la etaj. Aceste scene se desfășoară pe fundalul chitării și a percuției, care induce un sentiment de ură și dispreț față de valorile în sine. Tot o stare similară cu nebunia a fost când și-a ras tot părul, inclusiv sprâncenele, și când apare motivul viermilor pe corpul personajului principal. Concluzia este ca dacă te izolezi, atunci persoana umană cade și se degradează.[145]

---

[144] Holden C., *Global survey examins impact of depression*, "Science" 233, 2000, 839-841.

[145] Ainsworth, M.D.S., Blehar, M.C., Waters, E., Wall, S, *Patterns of attachment:*

Un alt element interesant este construirea zidului de izolare în momentul când se obțin câștiguri. Zidul crește, iar spectatorul poate observa că elementele zidului sunt clădirile și dispozitivele tot mai moderne, cum ar fi mașini, aparate casnice, elemente care reprezintă societatea noastră dispusă de consum. Acest zid care crește alarmant de repede, distruge tot ce ține de identitate și istorie personală. Așadar distruge biserici, ca semn al pierderii încrederii în divinitate, ca semn al ruperii de moralitatea creștină, flori, care reprezintă delicatețea, ca până la urmă să distrugă umanitatea omului. Apare imaginea când omul își omoară semenul, ca și în cazul biblic cunoscut tuturor Cain și Abel, numai ca în contextul lui Pink, acesta loveste persoana apropiată cu bastonul de polițist. Spectatorul poate observa imagini omenești care descriu constrângerea dramatică, și faptul că omul, deși trăiește într-o societate democratică, nu mai are dreptul să-și enunțe ideile ca să nu fie acuzat de rasism și intoleranță. O astfel de durere avem și în perioada contemporană când suntem obligați să acceptăm toate hotărârile doamnei Merkel care dictează Uniunii Europene legile care pun în pericol Europa ca atare. Revenind la film, putem observa că zidul începe să obțină și să trăiască o viață proprie. Acest zid începe să crească, obține dimensiuni enorme, și începe să-și impună voința sa omului. Ultima scenă ne prezintă un pumn, care se transformă într-un ciocan mare și lovește vitrina unui magazin spârgând-o. Poliția arestează pe vinovat, iar două bătrâne, aflate în apropiere fură aspiratoarele din vitrină.

Acest fragment prezintă într-un mod foarte sugestiv diagnoza societății vest-europene, care este invadată de prostie și consumționist. Din păcate, dacă este să elaborăm o comparație, nu prea s-a schimbat nimic din punct de vedere al mentalității. Civilizația modernă și contemporană este înfometată. Această foame obligă pe om să umple golurile. Adică este nevoie de un consumționism tot mai mare și implicit foamea determină o umplere a golului cu cât mai multe platforme virtuale. Umplerea golului poate fi înțeleasă și ca ocuparea și distrugerea mediului înconjurător prin urbanizare și dezvoltare social-economică cu orice preț.[146]

A psychological study of the strange situation, Hillsdale, New York: Erlbaum, 1978.

Este dificil de a oferi un răspuns care să explice această foame. Foamea în sine este o problemă foarte importantă în prezent. Noi putem doar observa care sunt consecințele acestei tendințe cu caracter global. Putem observa cum se încearcă să se reducă totul la individualism. Adevărul este că înafară de Antarctida, restul pamânturilor se află sub influența directă a omului. Asta nu înseamnă că restul terenurilor nu sunt afectate în mod indirect. Putem observa, că omul a reușit să aducă modificări climei.[147]

Putem observa foamea care forțează pe om să devină sclav al averii materiale. Trebuie de conștientizat faptul că comfortul nu este un lux. Asadar nu își are explicarea logică ceea ce fac oamenii moderni: vor să impună cât mai mult. Pentru cei mai mulți dintre noi, normalitatea înseamnă să facă credite peste credite, ca să aibă ultimul model de Mercedes, să aibă cel mai nou smartphone și să umble în costume cusute la Steilmann. Normalitatea în zilele moderne înseamnă să ai cât mai multe credite. Normaliatatea nu mai înseamnă să ai o familie și să-ți crești cei trei copii. Normalitatea însemnă că nu ai timp să construiești o familie. Normalitatea înseamnă să fii tolerant, să susții idei străine impuse de nenea Angela Merkel, că așa vede și înțelege normalitatea: să zâmbești când au loc atentate, eventual să-ți faci selfie când are loc explozia, să trăiești cu ideea că poți să fii tu victima unui atentat, să accepți faptul că băiatul tău se simte femeie. Asta este noua normalitate.[148]

Bunastarea materială nu va aduce niciodată simțământul de fericire. Această impresie contine o valoare maxima de falsitate. Viața în lumea moderno-contemporană este o lume „normală" plină de stres, ceea ce duce la înrăutățirea nivelului de viață, din punct de vedere psihic.[149]

---

[146] Halpern B.S., *A global map of human impact on marine ecosystem*, "Science" nr 15, Feb 2008, Vol319 No 5865, 948-952.

[147] Halpern B.S., *A global map of human impact on marine ecosystem*, "Science" nr 15, Feb 2008, Vol319 No 5865, 948-952.

[148] Leakey, R., Levin R., *The Sixth Extinction: Patterns of Life and the Future of Humankind*, Anchor, 1996.

Aţi observat că ţările dezvoltate oamenii se confruntă cu diferite tulburări psihice? Din ce în ce mai des auzim la ştiri că persoanele cu tulburări psihiice cauzează diferite acţiuni care primejduiesc pe ceilalţi oameni. Atacurile comise în şcoli, sunt cauzate e persoane cu tulburări psihice. Cel mai probabil, în anul 2020 se va recunoaşte, la nivel global, că depresia devine a doua cauză a dezabilităţilor la nivel mondial.[150]

Dacă este să ne referim la România, putem observa că pe zi ce trece, naţiunea devine tot mai bolnava din punct de vedere psihic. Contextul şi condiţiile de viaţă sunt dăunătoare pentru viaţa psihică a oamenilor, şi totodată creşte riscul de a cădea într-o boală psihică. Un element determinant este şoamajul, alcoolul consumat, crizele care apar în sânul familiei, sărăcia, nesiguranţa zilei de mâine, narcotice, dar şi relaţiile pe care UE ne obligă să fim toleranţi, ba chiar să le încurajăm pentru că sunt „normale”.

Personajul principal se află în starea psihologică a planului înclinat, când în urma analizei, îi pare rău că nu a făcut nimic ca să prevină desfăşurarea evenimentelor nedorite în viaţa sa. Se izolează din ce în ce mai mult de lumea care îl înconjoară adăugând noi cărămizi. Aceste cărămizi cauzează alte experienţe care îl fac să sufere şi ca o concluzie, izolarea devine tot mai complexă şi distrugătoare. Elementul important al acestei izolaţii este ruperea de sine însuşi şi de emoţiile personale. Sentimentele devin arealul în care experimentăm relaţiile cu oamenii. Emoţiile dau culoare vieţii, fac posibilă experimentarea fericirii şi bucuriei, totodată constituie sursa durerii şi suferinţei. Dacă este prea multă durere, atunci omul are tendinţa de a se delimita de emoţiile proprii, ceea ce îi permite să reducă din suferinţă. Acţionând în acest mod, omul limitează posibilitatea de a resimţi stările pozitive. O astfel de rupere de emoţiile proprii duce la o infirmitate a resimţirii oricărui tip de emoţii empirice.[151]

---

[149] Skliar N., Starikowa K., *Zur vergleichen den Psychiatrie*, "European Archives of Psychiatry and Clinical Neuroscience" 1929, 88, 554-585.

[150] Murphy J, Laird, N, Monson R,. *A 40-year perspective on the prevalence of depression*, "Archives of General Psychiatry" 2000, 57, 209-215.

[151] Cushman Ph., *Why the Self Is Empty Toward a Historically Situated*

Construcţia zidului a fost terminată. Zidul îl transformă într-un om indiferent la toate. Zidul îl face inaccesibil celor care vor să ajungă la dânsul. Putem observa şi tipologia omului redus numai la obligaţiile pe care trebuie să le facă. Trebuie să reziste atâta vreme cât are un concert, cei de la securitate sunt obligaţi să-l păzească, ca nu cumva să întârzie, indiferent de situaţia în care se află.[152]

Aşadar îl vedem pe Pink îmbrăcat în uniformă nazistă. este o transformare simbolică a artistului. Uniforma constituiie zidul construit care îl apără de restul. Publicul este redus la o masă. Publicul nu mai este compus din oameni, deorece oamenii sunt transformaţi în entităţi pur materiale. Publicul este lipsit de voinţa proprie, se comportă în mod automat, nu mai posedă conştiinţă de sine. Aici se aplică măştile. Oamenii acţionează de parcă cineva i-ar manipula. Mulţimea care se leapădă de libertate şi autonomie, cade victima manipulării şi este influenţată de o voinţă individuală. În această mulţime se pot experimenta trăiri, cum ar fi impresia de infailibitate, care este o necesitate pentru a se distanţa de alţii, care sunt în afara mulţimii. Mulţimea este gata să reînfăptuiască luptele, violurile, distrugerea bunurilor şi o agresivitate tipică germanilor nazişti. Aşa cum Germania hitleristă şi-a îmbrăcat până şi copii în uniforme, la fel şi mulţimea, conform ideilor germano-naziste împrăştie teroarea. Asadar apare şi în acest caz instinctul de a fugi din faţa uniformelor negre. Această demonstrare de tip totalistaristă, inspirată din Germania hitlresită este indicată şi de marşul ciocanelor, aşa cum mărşălui Wehrmacht-ul. Ciocanele înlocuiesc pe oameni. Ciocanul este simbolul omului care a construit împrejurul lui zidul. Ciocanul este simbolul criminalilor germani responsabili pentru construcţia Auschwitz-ului, care s-au dezis de emoţii pentru a chinui pe ceilalţi oameni, care au acceptat să îmbrace uniforma Germaniei hitleriste şi să comită crime, pentru că aşa era normal la vremea aceea. Ciocanul este omul care este capabil de orice, deoarece nu are regrete din punct de vedere moral, şi nici îndoieli. Aceşti oameni sunt doar unelte aflate în

Psychology, California School of Professional Psychology, Berkeley Alameda, 1992.

[152] Fromm E., *The Anatomy of Human Destructiveness*, Holt, Rinehart and Winston, 1973.

mâna celor care deţin puterea, şi sunt gata să se lase folosiţi pentru „democraţia" pe care o propagă anumite cercuri care doresc „toleranţa", care nu iau în considerare voinţa celor mulţi, ci vor „toleranţa" şi „democraţia" pe care o doresc ei, în defavoarea valorilor creştine şi europene.[153]

Omul are o tendinţă naturală de a se autodezvolta, de a-şi actualiza potenţialitatea sa iar acestea îi permit să se manifeste în fiinţa iubirii şi să realizeze o creaţie. Dacă condiţiile exterioare nu-i permit o astfel de dezvoltare, omul alege să fugă de libertate. Această fugă determină tendinţele de sadomasochism, de distrugere şi de conformare.

Esenţa sadomasochismului constă într-o variaţiune când subiectul se lasă dominat, şi când doreşte să domine în mod total pe ceilalţi. Personalitatea care se corelează acestei tendinţe este tipul autoritar. Acest tip autoritarist se caracterizează prin lipsa de toleranţă a slăbiciunii, tendinţa de a pedepsi pe ceilalţi, agresiune faţă de ceilalţi oameni, recunoaşterea şi implementarea valorilor tradiţional-conventuale, cultul puterii, al personalităţii, proiectarea valorilor duşmănos-negative asupra unor grupări sau colective, şi mai ales tendinţa de a distruge combinată cu cinism.[154]

Tendinţa de distrugere este distinctă de tendinţa sadomasochistă, deoarece se urmăreşte anihilarea totală a oponentului. De fapt este o necesitate de a distruge pe oponent. Aici se încadrează foarte bine persoana lui Adolf Hitler, care dorind să distrugă, a dat ordin de a construi lagărele de la Dachau, Auschwitz, Treblinka, Majdanek etc.

Conformismul este cea mai moderată formă de a fugi de libertate. Este vorba de a se supune unei autorităţi, unui grup sau unui sistem. Individul face această alegere în mod conştient, conform voinţei sale, văzând în acest act salvarea de singurătate, de neajutorare şi chiar de rătăcire.

Acest mecanism de a fugi de libertate poate explica multe fenomene care apar la nivel social. Totalitarismul şi fundamentalismul apar în acest context ca moduri de a solutionare a oamenilor care sunt dominaţi de singurătate, înstrăinaţi sau nu

---

[153] Fromm E., *Escape from Freedom*, Ishi Press, 2011.

[154] Aronson, E., *Human – a social being*, Worth Publishers; 11 edition, 2011.

sunt capabili să stabilească o relație mai profundă cu ceilalți oameni. Când omul nu se poate realiza din punct de vedere construcitv, dacă potențialul său este blocat sau limitat de condițiile care provin din exterior, atunci se pornește procesul de separare de sine însuși, adică se rupe de potențialul creator propriu. Sensibilitatea și subtilitatea sunt înlocuite cu duritatea și rigiditate. Acest proces este identificat cu uniforma care simbolizează identitatea omului. Umanitatea individuală umană este deconstruită și înlocuită cu uniforma sau cu un rol în viața socială. De la acest moment nu mai avem de a face cu o persoană, ci cu o întreagă instituție, cu funcția, care trebuie să îndeplinească ordinele care stau la fundamentul instituției.[155]

Așadar uniforma are rolul de a dezumaniza. Pentru aceasta, omul trebuie să se rupă de emoțiile proprii, în ordine să poată elimina pe cei slabi, să lupte cu cei considerați străini și să distrugă pe dușmani. Uniforma distruge umanitatea celui care o poartă, dar și umanitatea oponenților. Iar dacă victima este din start dezumanizată, atunci este mult mai ușor ca să fie schingiuit.[156] Așa se explică comportamentul germanilor care nimiceau umanitatea celor din lagăre. Uniforma pe care o îmbrăcau torționarii germani, devenea un zid care-i apăra de tratamentele inumane. Erau apărați de faptul că se comportau ca niște animale. Îmbrăcând uniforma, nu mai rămânea loc pentru emoții, sentimente și îndoieli, elemente care stau la baza umanității.

Aceste mecanisme au fost confirmate din punct de vedere experimental de Philip Zimbardo în experimentul din 1974. Acest experiment a fost transpus și pe marele ecrane, cel mai nou fiind în The Experiment din anul 2010. Acest experiment a evidențiat cum psihicul uman se poate degrada în câteva momente. Studenții aleși pentru acest experiment s-au conformat rolurilor primite și s-au comportat ca atare.[157]

---

[155] Banyard, P., *Tyranny and the tyrant: From Stanford to Abu Ghraib*. [Review of the book *The Lucifer effect: Understanding how good people turn evil*, by P. G. Zimbardo]. The Psychologist, 2007, 20, 494–495.

[156] Bronfenbrenner, U. *Soviet methods of character education*. American Psychologist, 1962, 17, 550-564.

În cadrul acestei constelaţii psihologice apar fenomene care sunt prezentate şi în film. În primul rând avem de a face cu tematica războiului şi consecinţa dramatică, adică pierderea tatălui, fapt experimentat de tânărul Pink. Fiecare război se naşte în inima omului, în inimile însemnate de incapabilitatea de a experimenta bogăţia emoţională a vieţii. Prin acest film, acuză omenirea, care se închide în spaţiul de după ziduri şi căutăm cea mai simplă cale care duce la o confruntare acerbă. În acest context zidul apare ca cel mai mare inamic al lumii moderne. Zidul nu face referinţa doar la individ ca atare, ci în dimensiunea universală produce fenomenele de tip patologic, în special violenţă, criminalitate şi dezumanizare, pentru ca la urmă să ingereze în arealul instituţiilor şi statelor, ducând la răspândirea şi instalarea regimurilor totalitare, şi în final la confruntarea ideologică şi armată.

---

[157] Zimbardo, P. G., Haney, C., Banks, W. C., Jaffe, D., *The mind is a formidable jailer: A Pirandellian prison*, The New York Times Magazine, 1973, Section 6, 38—60.

15 – NIMICIREA ZIDULUI

Demonstraţia de tip totalitară promovată în viziunea lui Pink intervine un punct culminant care răstoarnă status-quo. Strigă „stop" pentru ca apoi să-l vedem la toaletă, sprinjinindu-se de tron şi citind versurile sale. Citeşte acele versuri şi se lasă cuprins de emoţii. El conştientizează că doreşte să meargă acasă şi să lase totul în urma sa. Este conştient că drumul de întoarcere o să fie foarte greu, deoarece a arătat sentimente caracteristice umanităţii, dar lumea în care a intrat el, nu acceptă acest tip de slăbiciune. Oarecum conştientizează că va fi dus la judecată. Aici apare şi paradoxul: cei care îl acuză şi îl judecă sunt tocmai acele persoane care au pus cele mai multe cărămizi în zidul lui Pink. La judecată apar profesorul, soţia şi mama lui. Verdictul îl dă un personaj care este de fapt reprezentatul oamenilor rupţi de ei înşişi, adică acea categorie de oameni din care făcea parte şi Pink.

Judecătorul susţine că vina inculpatului este fără precedent. El a rănit mulţi oameni, iar la urmă a arătat nişte sentimente, şi se pare că tocmai aceste sentimente agravează vina lui Pink. Verdictul este înspăimântător. Pink trebuie să distrugă zidul, trebuie să rămână gol.

Procesul în care este judecat personajul principal împreună cu finalul prezintă de fapt un mecanism psihologic interesant. Avem de a face cu un proces terapeutic. Tratamentul este unul de separare, care generat multe consecinţe toxice atât pentru individ cât şi pentru colectivul cu care acesta a intrat în contact. În această parte apar fenomene care sunt strâns împletite cu procesul schimbării.

Pentru ca schimbarea să aibă loc, omul trebuie să accepte decizia optimă și în mod responsabil pentru a se trata. Această luare de decizie apare cu ordinul „stop". Pink deja știe că nu vrea să mai participe în această piesă, și că vrea să schimbe ceva. Pentru a se vindeca, el trebuie să permită suferinței să intre în mod conștient. Adevărul este că în viața omului nu se schimbă nimic atâta vreme cât omul își controlează viața cu succes. Dacă mecanismele de apărare sunt foarte puternice, atunci poate trăi cu convingerea că nu are nici o problemă. În această situație se află multe persoane dependente de alcool. Aceste persoane se conduc cu iluzii și contraziceri, care îi fac capabili să ignore boala proprie de care suferă. Numai în momentul în care persoana simte profunzimea, adică se află într-o situație atât de dramatică încât nu o mai poate neutraliza cu mecanismele de apărare, abia atunci se poate începe acțiunile de vindecare. În concluzie putem afirma că singura condiție pentru o schimbare este acceptarea suferinței combiantă cu conștientizarea bolii proprii.[158]

Această prima etapă reprezintă abia începutul celorlalte etape ale psihoterapiei. În această periaodă de timp pacientul se confruntă cu experiențe extrem de dureroase pe care le-a experimentat în timpul vieții. Sunt multe ramuri în cadrul psihoterapiei, dar cel maiprobabil în acest caz avem de a face cu abordarea psihodinamică. Însuși Roger Waters a experimentat o astfel de psihoterapie. Apoi concepția deja prezentată indică caracterul fenomenal corelat cu esența problemei și cu modul de vindecare.

Psihanaliza și ramura ei, abordarea de tip psihodinamic, sunt definite de esența problemelor psihologice, mai ales acelea din categoriile de separare. Omul se rupe de o experiență dureroasă, încercând să evite suferința, ceea ce determină probleme mai grave. Fiecare respingere îngustează arealul conștiinței și lărgește arealul inconștientului. Elementele respinse devin asemănătoare corpurilor străine, care chiar dacă sunt aruncate, nu părăsesc niciodată aparatul psihic. Individul obține simțuri/simțăminte iluzorice că poate să facă față problemei, în timp ce această

---

[158] Enright J., *The Structure of Human Experience. Therapy without Resistance*, California: Pro Telos, 1980.

problemă intră în sfera inconştientului, şi la nivelul subconştientului generează consecinţe pentru persoana în sine cât şi pentru colectivul cu care intră în contact. Acest mecanism este responsabil pentru problemele eroului principal. Fiecare experienţă dureroasă este inscripţionată şi împinsă în subconştient, ceea ce determină şi o mai mare izolare şi rupere de sine însuşi. Aceste experienţe sunt transformate în cărămizi care produc suferinţă şi determină răni celor din jurul lui Pink.[159]

Zidul este graniţa dintre conştient şi inconştient. Dacă esenţa problemei constituie arealul de respingere, tot ceea ce se poate face este să dărâmăm zidul şi să permitem să fim atinşi de ceea ce este necesar pentru ca subiectul să experimenteze în mod conştient. Acest proces este extrem de dureros şi de lung. Omul are tendinţa naturală de a evita şi de a nu permite să fie atins de elemente care conţin în sine parţi care ating subconştientul. Nu ar trebui să fim uimiţi, deoarece aceste elemente sunt strâns legate de experienţe grave, dureroase şi pline de suferinţă. Procesul terapeutic este de fapt o luptă continuă a doctorului cu mecanismele de apărare şi rezistenţă ale pacientului, care se teme de schimbare. Pacientul luptă, suferă şi încercă să evite. El încearcă să se apere de suferinţă. În cadrul procesului terapeutic pacientul trebuie să se reîntoarcă la toate experienţele traumatizante, şi trebuie să le retrăiască. De data aceasta le retrăieşte împreună cu terapeutul, ca să nu mai fugă de aceste experienţe, ci să le înfrunte. În acest context psihanaliza este un trning pentru a combate cu succes experienţele dificile, de a învăţa cum trebuie de luptat, dacă să scape de ele cât mai repede sau să le elimine total. O astfel de abordare a vieţii proprii emoţionale garantează că nu va mai exista un stat paralel care va încerca să dăuneze eforturile şi acţiunile pe care le acceptă în mod conştient.[160]

Metafora procesului terapeutic ca fiind o judecată asupra sinelui însuşi, este oarecum îndreptăţită. La începutul procesului pacientul trebuie să aibă cel puţin o astfel de impresie. Trebuie să mărturisească totul terapeutului, în special să marturiseasca în faţa

---

[159] Fromm E., *The Anatomy of Human Destructiveness*, Holt, Rinehart and Winston, 1973.

[160] Aronson, E., *Human – a social being*, Worth Publishers; 11 edition, 2011.

lumii întregi. Trebuie să recunoască în mod public toate experienţele dureroase, dar şi cele pe care el le-a cauzat persoanelor cu care a intrat în contact. Construcţia relaţiei de tip terapeutic este un proces de autoecpunere. Mai pe scurt, are loc dărâmarea zidului. Aşadar ceea ce vindecă reprezintă teama cea mai mare a pacientului. Când zidul încă este în procesul de năruire, toate detaliile ascunse ies la iveală. identitatea construită pe opoziţia dintre conştient şi inconştient este de fapt o adevărată catastrofă. În acelaşi timp este şi cea mai dură pedeapsă pentru construirea „eu"-lui propriu pe un asemenea fundament catastrofic. Pe de alta parte este o adevărată provocare şi eliberare de sub tirania identităţii false, care prin intermediul zidului şi al uniformei părea să prezinte adevărata persoană. Dar de fapt toţi au avut de a face numai cu o mască.[161]

Distugerea zidului, distrugerea măştii, renunţarea la unifoormă şi renunţarea la „eu"-l fals reprezintă procese terapeutice. Prin acest proces se vindecă sidromul separării omului de sine însuşi, de ceilalţi şi de lumea întreagă. Strigătul care de fapt este o reacţie la zidul care se prăbuşeşte, este un strigăt de teroare, care se transformă într-un strgăt de bucurie combinat cu fericirea datorată eliberării din strânsoarea dură a personalităţii toxice şi plină de falsitate..

---

[161] Cushman Ph., *Why the Self Is Empty Toward a Historically Situated Psychology*, California School of Professional Psychology, Berkeley Alameda, 1992.

16 – UN RĂZBOI ŞI DOUĂ PERSPECTIVE

Chiar dacă au trecut mai bine de 70 de ani de la sfârşitul celui de-al doilea război mondial, totuşi reprezintă o tematică actuală în discursurile publice. Putem afirma că încep să apară noi informaţii despre ecenimentele petrecute în acea perioadă de timp. Noile informaţii au început să apară odată cu desecretizarea documentelor, dar şi datorită faptului că perioada contemporană permite să abordăm tematici care până nu demult erau interzise. De asemenea perioada anilor celui de-al doilea război mondial creează un interes deosebit pentru istorici, dar şi pentru regisori. Aşadar avem multe documentare despre război, dar şi filme cum ar fi *Stalingrad, Saving Private Ryan, A Bridge too Far* etc, şi inclusiv jocuri pentru computere: *Call of Duty, Medal of Honor, Sniper Elite*, etc.

Din cauza poziţiei geografice, România a fost parte participantă în acest război dus în partea Europeană. Fiecare a auzit despre debarcarea alianţilor, pactul Ribentropp-Molotov, Stalingrad – unde armatele a 3-a şi a 4-a romane au fost distruse, Kursk -bătălia care i-a dat de înţeles mareşalului Antonescu că Germania a pierdut războiul, actul de la 23 august 1944, Teheran şi Yalta, dar şi pactul dintre Churchill şi Stalin, prin care premierul englez, dorinic să câştige alegerile din Regatul Unit, a oferit dictatorului soovietic toată Europa de Est şi Centrală. Pentru noi, europenii, este greu să ilustrăm fenomenele psihologice ale filmelor de război, deoarece, avem de a face cu mai multe tipuri de interpretări ale aceluiaşi eveniment istoric, cum ar fi ceea ce s-a întâmplat la

Katyn, cum ar fi actul de la 23 august, sau răscoala din ghetto-ul din Varşovia, ca să nu vorbim despre ultimele zile ale lui Hitler prezentate în filmul *Der Untergang*. Ca să eliminăm ambalarea emoţiilor şi al stereotipurilor, mai bine abordăm războiul din Pacific.

Războiul dintre Japonia şi Statele Unite a început pe data de 7 decembrie 1941, odată cu atacul devastator de la Pearl Harbour, aşa cum a fost prezentat şi în filmele *Tora!Tora!Tora!* şi *Pearl Harbour*. Războiul din Pacific s-a terminat cu aruncarea celor două bombe atomice şi capitularea necondiţionată a Japoniei. Utilizarea bombelor atomice a schimbat modul de înţelegere al conflictului armat dar şi impactul asupra populaţiei civile. Conceptele stricte legate de al doilea război mondial în Pacific care a rămas în limbajul universal este termenul kamikaze. Acest termen a fost utilizat în 1274, când un vânt puternic a devastat flota mongolă care se apropia de malurile Japoniei. Apoi acest termen a fost utilizat pentru a descrie atacurile sinucigaşe ale piloţilor japonezi. Astăzi acest termen este utilizat pentru a descrie persoanele care acţionează în mod riscant.

Primul film pe care îl vom analiza este *Letters from Iwo Jima*. Iwo Jima este o insulă vulcanică de circa 21 mp^2 situată în Oceanul Pacific, colonizată de japoenzi în secolul XIX. Denumirea insulei în traducere ar fi *insula cu sulf*. Această denumire este fundamentată de zăcamintele care sunt găsite pe această insulă, dar şi condiţiile vitrege pe care le întâlneşte omul. În timpul celui de-al doilea război mondial, această insulă reprezenta pentru armata S.U.A. un punct strategic. De pe acestă insulă se puteau coordona mai bine atacurile asupra insulelor mai mari ale Japoniei. Între 19 februarie şi 25 martie 1945, Iwo Jima a fost locul unei lupte foarte violente între armata S.U.A. şi armata imperială japozneză care era staţionată aici. Bătălia pentru Iwo Jima a fost câştigată de armata S.U.A. iar câteva luni mai târziu Japonia a capitulat după ce pe 6 şi 9 august 1945 americanii au lansat cele două bombe atomice.[162]

Batălia pentru Iwo Jima l-a inspirat pe Clint Eastwood să regizeze două filme de ficţiune *Flags of Our Fathers* şi *Letters from Iwo Jima*. Primul film prezintă varianta americană a invaziei

[162] Kershaw I., *Fateful Choices: Ten Decisions That Changed the World, 1940-1941*, Penguin Books 2008.

insulei. Pe lângă imaginile care prezintă luptele în sine, sunt prezentate evenimentele din cadrul instruirii recruților, modul de observare ale evenimentelor de război de către societatea civilă americană, dar și comportamentul veteranilor după ce războiul s-a terminat. *Letters from Iwo Jima* prezintă același eveniment, dar din persepctiva japoneză. Subiectul principal îl constituie specificul etosului soldatului în contextul culturii orientale dar și costul din punct de vedere psihologic rezultate din acestă bătălie care era sorită de la început înfrângerii. Chiar dacă fiecare film prezintă aceeași bătălie dar din altă perspectivă, totuși putem găsi elemente care să ne permită să abordăm cum se cuvine această tematică. Avem de a face cu același tip de tratament din punct de vedere artistic. Încă de la început spectatorul poate deduce că acest război s-a terminat demult. Interesul pentru această luptă reiese din interviurile luate de reporteri în cazul *Flags of Our Fathers* și din cercetări științifice, în cazul *Letters from Iwo Jima*. Introducerea în bătălia din perioada 19 februarie - 25 martie reprezintă axul principal al filmelor, întrețesut de o serie de retrospecții cum ar fi încadrarea în armată, antrenamentul, dar și prezentarea evenimentelor din perioada târzie, în special interviurile luate veteranilor.

Inseparabilitatea imaginilor este dată de cadrurile asemănătoare, cum ar fi debarcarea americanilor și primele salve trase de japonezi, dar și continuarea evenimantelor. În *Flags of Our Fathers* ni se prezintă scena când un soldat american se întoarece în tranșee, unde ar fi trebuit să găsească un camarad. Este uimit când află că acel camarad a dispărut undeva. Despre soarta acelui soldat, spectatorul află în *Letters from Iwo Jima*. O metodă asemănătoare a fost să prezinte ilustrarea eronată a intrepretațiilor legate de situația categorizării negative a dușmanului. Cea mai clară metodă pentru a arăta legătura dintre cele două filme constă din construirea consecventă a acțiunii în jurul axului principal, menționat în titluri. În ambele filme avem de a face cu steagul S.U.A. și scrisorile trimise de soldații japonezi către familiile lor, care reprezintă puncte de orientare ale tematicii. Filmele ne prezintă inevitabilitatea morții care este fie din cauza vârstei înaintate fie o cauză al acțiunii din cadrul războiului și memoria umană failibilă, care este o cauză pentru a subiectiviza pe participanții anonimi în acest război, participanți care sunt transformați în numere în manualele de istorie, în tabele și grafice.

Cadrele prezentate în ambele filme nu prezintă cu exactitate evenimentele istorice ale bătăliei. Spectatorul poate observa cum regizorul utilizează licența artistică, prezentând scene care fie nu s-au întamplat în realitate, fie s-au întâmplat în mod accidental și cu puțină probabilitate. Aceste filme au fost receptate pozitiv de către spectatori și critici.

17 - STAREA DE RĂZBOI

Filmele lui Clint Eastwood accentuează că acțiunile de război au repercursiuni în comportamentul participanților. Fiecare aspect care ține de participarea directă și activă în război sau bătălii poate influența simțul stresului cauzat de război. Acești factori declanșatori ai stresului pot fi de tip fizic, de exemplu canicula, lipsa apei, dezhidratare, insomnie, galăgie, foame; cognitive, cum ar fi neclaritatea misiunilor primite, conflictele cu ierarhia, tradare; emoționale, de exemplu moartea, disperarea, deznădăjduire; sociale prin eliminarea inimității; și cele spirituale care determină pierderea credinței, recurgerea la practici atee, sau chiar sincretism. Modul de tratare al stresului provocat de război în armată este variat. Poate fi identificat ca fiind o problemă, poate fi încadrat ca fiind un factor determinant pentru a utiliza mai bine potențialul uman. În primul caz stresul reprezintă un fenomen care îngreunează activitatea eficientă iar existența este deseori demisă din conștiința soldaților. Soldații reprimă acest fenomen din cauza consecințelor negative psihologice care rezultă din acest aspect și care acompaniază analiza profundă a situației date, cum ar inserarea unui nivel mai mare de inclaritate la situațiile complicate, o angajare suplimentară a resurselor cognitive și energetice ale organismului uman. Pe de altă parte, luând în considerare că modul de reducere a stresului poate provoca pierderea moralului în privința misiunii, sau poate chiar produce scăderea de alertă, pierderea siguranței de sine etc. Cei care lucrează cu soldații, preoții, psihologii și doctorii ar trebui să fie foarte vigilenți în momentul când discută despre problema stresului și reacțiile la stres. Recunoașterea stresului în categoria factorilor care ajută la realizarea potențialului militar este strâns corelat cu observarea actiunilor militare ca reprezentând un fel de test al capacităților, al curajului și al compentenței. În acest context , conform regulii că fapta este cu atât mai eroică cu cât mai dificilă este îndeplinirea ei, căutarea modurilor de reducere a stresului poate fi înțeles ca fiind o înlăturare a gloriei pentru realizarea misiunii primite.[163]

Reacția la stres este un răspuns inspecific. Asta înseamnă că indiferent de caraterul care acționează la stimuluii organismului are o figură similară. Putem observa trei etape: de alarmare, de adaptare, și de epuizare. În etapa de alarmă are loc activarea sistemului nervos de reglează activitatea organismului și accelerează ritmicitatea inimii, pentru a putea mobiliza resursele organismului care permit înfruntarea eleemtelor producătoare de stres. În etapa de adaptare se ajunge la o aplicare maximă de adaptare la condițiile de stres. Totuși în acest caz are loc un consum mai mare de resurse, în special de energie, iar aceste resurse sunt foarte importante pentru buna funcționare a corpului uman. Se poate vorbi despre starea de epuizare când resursele organismului sunt prea mici pentru a putea ajuta la o adaptare optimală la vicisitudinile întâlnite.[164]

Conform ipotezelor formulate de psihologii care sustin evoluționismul, acest proces al reacției la stres rezultă din evoluția speciei Homo Sapiens care de-a lungul istoriei, a trebuit să înfrunte multe pericole pentru a exista, și toate aceste experiențe din trecut au ajuns în bagajul informațional al creierului nostru. Acesta activare a sistemului nervos mobilizează resursele care permit înfruntarea cu succes a situațiilor de luptă sau de fugă. Înaintașii noștri, de-a lungul istoriei, s-au aflat în situații asemănătoare de război, lupte, întreceri sportive, înfruntarea pericolelor naturale, au avut și ei de a face cu activarea sistemului nervos de stres, pentru a le înfrunta cu succes. Stresul negativ apare în momentul când

---

[163] Nash W.P. *The stressors of war*, in C. R. Figley & W. P. Nash (Eds.) *Combat Stress injury: Theory, Research, and Management*, Routledge, 2007, 11-31.

[164] Workman L, Reader W., *Evolutionary psychology. An introduction*, New York: Cambridge University Press, 2014.

reacția declanșată nu este adecvată situației, și determină o dificultate în a înfrunta situația dată. Cel mai bun exemplu pentru distres este când la un examen, sau în cadrul unui discurs public, se declanșează starea vegetativ-pasivă.[165]

Fiecare activitate este executată în modul cel mai optim. Despre stresul pozitiv se vorbește atunci când nivelul declanșat duce la buna îndeplinire a misiunii încredințate. Când acest stres lipsește, avem de a face cu stresul negativ, declanșat de tensiune, iar misiunea încredințată riscă să se termine cu un eșec.[166]

Declanșatorii de stres pot fi utilizați ca o armă împotriva soldaților inamici. Trebuie să menționăm că aceste tipuri de acțiuni psihologice au fost utilizate pe scară largă în timpul celui de-al doilea război mondial, pentru a declanșa reacții de stres inamicului. De exemplu, în bătălia pentru Stalingrad, armata sovietică a încercat să demoralizeze armata germană prin emiterea prin difuzoare a unor cântece foarte deprimante în timp ce se citeau scrisorile din corespondență capturate de la germani. Tot la Stalingrad s-au utilizat și producții video pentru a determina pe soldații germani să dezerteze.[167] Înainte de începerea operațiunii militare Overlord, aliații au parașutat în spatele liniilor germane, în special în Normandia, păpuși-militari cu scopul de induce în eroare pe germani privitor la adevăratul loc unde se va desfășura operațiunea, dar și pentru a surprinde datorită numărului mare de „parașutiști". Când păpușile atingeau pământul, se declanșa un mecanism care producea o serie de mici exlozii, pentru a-i face pe soldații germani să creadă că aceste păpuși trag.[168]

Fenomenului stresului indus de război cu efect declanșator asupra inamicului a fost bine redat în filmul *Flags of Our Fathers*.

---

[165] Ekman, P., *Telling Lies: Clues to Deceit in the Marketplace, Politics, and Marriage*, W.W. Norton, 2001.

[166] Paul Ekman, *Emotions Revealed, Second Edition: Recognizing Faces and Feelings to Improve Communication and Emotional Life*, Henry Holt and Company, 2007.

[167] Beevor A., *Stalingrad*, Penguin, 2007.

[168] Beevor A., D-Day. Battle of Normandy, Penguin, 2010.

Înainte de desantul în Iwo Jima, soldaţii americani aud audiţiile radio ale japonezilor care menţionau preţul enorm al participării lor în război, că sunt departe de casă şi că pot să piardă totul. Această situaţie poate fi încadrată ca fiind un stres declanşat la nivel cognitiv, care rezultă din multitudinea de informaţii oferite. De asemenea în această categorie poate fi inclusă şi informaţia privitoare la desant. Soldaţii sunt demoralizaţi de faptul că bombardamentul insulei, care trebuia să ţină câteva zile a fost redus la doar trei, şi că soldaţii se simt trataţi ca fiind nişte obiecte doar pe o hartă.[169]

Această tactică a fost folosită încă în antichitate. Cunoaştem foarte bine episodul relatat de Dio Cassius, când pentru a demoraliza pe romani, Decebal a dat poruncă dacilor să reteze o pădure întreagă, iar trunchiiurile care aveau înălţimea unui om să fie îmbracate, să semene cu o oaste care-şi aşteaptă inamicul. Alt episod îl avem în cadrul campaniei otomane conduse de sultan împotriva lui Vlad Ţepes, turcii au ajuns în zona unei „păduri de ţepe". Otomanii s-au retras din cauza priveliştii şi a mirosului de putrefacţie.

Un alt exemplu care prezintă o gamă variată de declanşatori de stres este şi cazul medicului sanitar din *Flags of Our Fathers*. El avea datoria să salveze pe cei răniţi. Misiunea lui era una dintre cele mai dificile de îndeplinit, deoarece pentru unii ajutorul medicului venea mult prea târziu, sau rănile pe care soldatul le-a suferit, dădea de înţeles că avea să moară curând. Apoi medicul militar înţelege că toţi lunetişii inamici căutau să elimine pe toţi care purtau simbolurile specifice ale brancardierilor şi medicilor. Prin eliminarea soldatilor militari, japonezii creau un mod auxiliar de a mări numărul victimelor în această bătălie. Fiecare situaţie în care încerca să ajute, creştea riscul ca să devină o ţintă statică, şi să fie împuşcat. De aceea toţi medicii pe fron renunţau la toate distincţiile şi purtau uniforma obişnuită. În acest caz avem de a face cu un declanşator emoţional.

În filmul *Letters from Iwo Jima* ne este prezentat cazul ultimului corp de armată japonez care încă luptă. Ofiţerul comandat primeşte ordin de la comandament ordinul de retragere

---

[169] Nash W.P. *The stressors of war*, in C. R. Figley & W. P. Nash (Eds.) *Combat Stress injury: Theory, Research, and Management*, Routledge, 2007, 11-31.

şi să se retragă pe un alt aliniament în interiorul insulei. Îndeplinirea unui astfel de ordin nu concordă cu tradiţia veche a codului bushido. Acest cod impunea tuturor sinuciderea de onoare, adică seppuku. Ignorând ordinul, ofiţerul dă ordin soldaţilor din unitatea rămasă să se arunce în aer detonând granade. Totuşi unul din soldaţi care a auzit adevăratul ordin manifestă un conflict cu ierarhia. Este asediat de dorinţa de a trăi, şi aici intervine informaţia auzită de la cartierul general, dar în acelaşi timp este asaltat de tradiţie şi de modul de comportament în rândul unităţii.

Declanşatori de tip cognitiv-social este si cazul generalului japonez care trebuie să organizeze apărarea insulei. El ştie foarte bine că nu vor sosi trupe în ajutor. Ştie că flota japoneză a fost înfrântă în bătălia de la Mriane, şi ştie că aviaţia a fost recehemată în ţară ca să asigure apărarea capitalei. Singura lui misiune este sa asigure o aparare a insulei cât mai eficientă, chiar dacă era conştient ca totul se va termina cu o înfrângere toatală. El trebuia să organizeze apararea în aşa fel încât să întârzie pe americani cât mai mult, să declaeze invazia în arhipelagul nipon. El simte că de dânsul depinde ssoarta japonezilor din arhipelagul nipon, totuşi este strâns legat de soldaţii săi. Aşadar avem de a face cu un conflict interior. Generalul nu vrea să-şi înşele soldaţii, dar trebuie totodată să se îngrijească de moralul trupelor şi să determine o motivaţie puternică pentru ca ei să lupte cu inamicul.

Sindromul de stres post traumatic este un sidrom identificat pe plan internaţional ca boala DSM-IV-TR. Acest sindrom afectează pe cei care au supravieţuit sau au experimentat situaţii care puneau în pericol existenţa integrală, cum ar fi pierderea vieţii, sau moartea unei persoane apropiate, aceste situaţii fiind acompaniate de frică, teroare sau disperare. Pe lângă participarea la acest tip de eveniment, în cadrul acestui sindrom intră o neîntreruptă repetare a situaţiei care a determinat această traumă (în special visele), o evitare neîntreruptă a elementelor corelate cu această traumă, sau o amorţeală emoţională, dacă durează mai mult de o lună dar şi o perturbare a funcţionării în evenimentele importante ale vieţii, cum ar fi în cadrul relaţiilor sociale şi în cadrul activităţii profesionale. Acest sindrom post traumatic poate fi declanşat şi de alte tipuri de experienţe, cum ar fi dezastrele naturale, cele pe care le implică civilizaţia şi atentatele. Sindromul poată să apară ca un rezultat al experienţelor personale: accident, viol, răpire, sau obligarea de a face o activitate definită: mutarea forţată.[170]

Acest termen şi clasificare este receptat de militari ca având conotaţii negative şi stigmatizează pe cei afectaţi, reducând probabilitatea ca persoanele afectate să recurgă la ajutorul psihologilor. S-a încercat schimbarea modificarea terminologiei, şi împreună cu aceasta să se schimbe şi modul de gândire referitor la problemele de tip psihice care apar în rândul militarilor.[171]

Experienţele soldaţilor participanţi în misiunile de război sunt deseori aduse în contextul discuţiilor sindromului post traumatic. Avem descrieri ale acestui sindrom în Epopeea lui Ghilgameş, în tăbliţa nr 10, când a experimentat moartea lui Enkidu, sau în Iliada, când Ahile şi-a dezlănţuit ura dupa ce a aflat despre moartea lui Patrocle, şi Odiseea, când Ulises avea tulburări de personalitate cauzate de războiul troian şi că din punct de vedere emoţional era incapabil să se întoarcă acasă după ce a experimentat trădarea şi pierderea suferită. Sau avem operele lui Plinius cel Tânăr care a descris stresul traumatic, cum ar fi disocierea combatanţilor în timpul bătăliei de la Marathon în anul 480 î.Cr. şi oamenii prinşi în erupţia Vezuviului din anul 79 d.Cr.[172]

În secolul XX s-a normalizat experienţele stresului corelat cu bătăliile. S-a renunţat la stigmatizarea persoanelor care erau afectate de acest stres provocat de războaie. Totodată se notează o scădere a diagnozelor referitoare la reacţiile de stres. Această problemă rămâne în continuare actuală. Filmele lui Clint Eastwood abordează această problematică. În *Flags of Our Fathers* apar dese rememorări şi conotaţii ale luptelor duse, şi în consecinţă se repetă trăirile de tip traumatic. Referitor la filmul *Flags of Our Fathers*,

---

[170] Sword, R. M., Sword, R. K. M., Brunskill, S. R., & Zimbardo, P. G., *Time perspective therapy: A newtime based metaphor therapy for PTSD*, Journal of Loss and Trauma: International Perspectives on Stress & Coping, 2013, 19, 197–201.

[171] Rizzo A. , Rothbaum B.O., Graap K., *Virtual Reality as a Tool for Delivering PTSD Exposure Therapy and Stress Resilience Training* MILITARY BEHAVIORAL HEALTH, 1: 48–54, 2013.

[172] C. R. Figley & W. P. Nash (Eds.) *Combat Stress injury: Theory, Research, and Management*, Routledge, 2006.

ne putem lega de petrecerea dată în cinstea celor trei soldați. La un moment, spectatorrii pot vedea cum veteranului, din cauza băuturii roșii dense de zmeură, își reamintește de un izvor de sânge care împroașcă pe toți cei prezenția la acea recepție.

Acest sindrom post traumatic poate fi împărțit în retrăirea, evitarea și amorțeală și o agitație exagerată. Privitor la modul de tratare, este recomandată tratarea de tip farmaceutologică, psihoterapia de tip tradițională, tehnici bazate pe reflexii și experimente. Se încearcă un tratament cu ajutorul realității virtuale. Cu ajutorul computerelor, persoana intră din nou pe câmpul de bătălie și retrăiește evenimentele petrecute prin dezlănțuirea tuturor emoțiilor declanșate de stimulii vizuali, auditivi, senzoriali și olfactivi, pentru a vindeca rănile create fie de explozii, fie de morțile camarazilor. Doctorii care supraveghează pe soldatul introdus în lumea virtuală, poate modifica în orice moment scenele virtuale.[173]

Un rol important îl are teoria perspectivei temporale. Din perspectiva temporală, individul se poate raporta în mod adecvat la trecut, prezent și viitor. Această abordare se caracterizează cu o intensitate deosebită din perspectiva trecutului din punct de vedere pozitiv și al prezentului de tip hedonistic, sau cu o intensitate moderată din perspectiva viitorului, precum și cu o intensitate minimalizată din perspectiva negativă a viitorului și al fatalității experimentate în prezent.[174]

Persoanele atinse de acest sindrom se caracterizează cu alternanțe extreme în raport cu profilul optim temporal, indicat de o intensitate puternică a perspectivei negativă a trecutului și al prezentului de tip fatalist dar și cu o intensitate scăzută al celorlalte perspective. În acest caz, sindromul este strâns legat de amintiri cu conținut negativist, cu o viziune neagtivă a viitorului dar și un prezent fatalist. Toate acestea indica faptul ca individul trăiește evenimente traumatice continue, ceea ce împiedică observarea unui

---

[173] Zimbardo P, Boyd J, *The Time Paradox: The New Psychology of Time That Will Change Your Life*, Atria Books, 2009.

[174] Rizzo A. , Rothbaum B.O., Graap K., *Virtual Reality as a Tool for Delivering PTSD Exposure Therapy and Stress Resilience Training* MILITARY BEHAVIORAL HEALTH, 1: 48–54, 2013.

viitor și prezent plin de oportunități.

Prin această terapie de egalare a perspectivelor temporale, se urmărește de a egala profilul temporal al pacientului cu cel optimal. Pe parcurs pacientul este introdus cu implicațiile acestei teorii, învață să aprecieze trauma și să o considere ca fiind un element foarte important, care influențează identitatea lui. Aceasta traumă, împreună cu pacientul, se încadrează în activitătile sociale, în relațiile cu cei apropiați, permite exersarea îndeletnicirile privitoare la obținerea plăcerilor din activitățile întreprinse, dar și determinarea de efectuare a planurilor pentru viitor. De asemenea sunt utilizate și tehnici de relaxare dar și vizualizarea. Toate aceste etape de recuperare sunt comparate cu rezultatele testelor traumei, fricii și depresiei, care au fost făcute pacientului în diferite etape.[175]

---

[175] Zimbardo P, Boyd J, *The Time Paradox: The New Psychology of Time That Will Change Your Life*, Atria Books, 2009.

18 - REVENIREA LA NORMALITATE

Într-una din scene ale filmului *Flags of Our Fathers*, spectatorul poate observa cum unul dintre vechii tovarăși de arme propune celuilalt să-i fie cavaler de onooare la nuntă. Uimit colegul întreabă dacă nu are pe cineva care este mult mai bun pentru această funcție. Problema colegului constă din fatul că îi este greu să vorbeasca cu cineva care nu a fost în armată, și care nu a participat pe front. Spectatorul poate observa că cel întrebat nu prea vrea să discute despre trecutul său din armată. Indianul participant la război, care a fost ridicat la rangul de erou, pozează în poze contra cost, dar din cauza diferențierii rasiale și fiind excomunicat din rândul indienilor, cade în patima băuturii și apoi moare.

Fiecare din cazurile deja menționate este strâns legat cu problema reîntoarcerii persoanei care a participat pe front înapoi în comunitatea pe care a părăsit-o. Armata face parte dintr-o instituție totală. Ca instituție totală dispune în totalitate de fiecare individ care intră în rândul ei. De fapt armata separă pe individ de restul lumii. Această separare are loc prin limbajul specific, modul de adresare și comportament. Experiențele militare sunt separate de experiențele cotidiene nu numai la nivel de comportament și emoțional, dar și din punct al limbajului dar și din punct de vedere cognitiv, dacă luăm în considerare modul de analiză și de interpretare al evenimentelor.[176]

[176] Goffman E, *Asylums: Essays on the Social Situation of Mental Patients and Other Inmates*, Routledge, 2017.

Persoana care participă în operațiuni militare este numit și „luptător". Termenul de „luptător-erou", spre deosebire de termenul „soldat" sau „militar" redă mult mai bine legătura creată între subiect și rolul social. Războinicul este acel om care participă în bătălie. Termenul de soldat face referire la plata pe care o primește. Arealul fenomenal care însoțește revenirea războinicului-erou înapoi în realitatea cotidiană este mult mai larg și mai variat, iar unele din aceste fenomene intervin în viața războinicului cu o mai mare probabilitate decăt altele. O parte din aceste fenomene fac parte din sfera de pregătire ale celui care vine înapoi acasă, mai ales dacă este rugat să împărtășească experianța avută, câtă vreme era îmbrăcat în uniformă. Deseori am putut observa cum în special mass-media arăta un interes deosebit pentru cei care au participat în războiae. Cum putem observa și în *Flags of Our Fathers*, eroii care s-au întors în țară încă nu au reușit să se despartă, și nici să pună o graniță între ceea ce au experimentat ei. De aceea nu era înstare să exprime ceea ce au experimentat pe câmpul de bătălie, punând totul pe un limbaj general și comun. Termeniii atribuiți nu reușeau să cumprindă înțelesul de tip subiectiv și nici categoriile. Cel mai greu de definit este termenul de „erou". Poate să fie considerat „erou" omul care a încercat să suprviețuiescă în timpul războiului? Sau a fi „erau" înseamnă să ataci inamicul având la îndemână baioneta? Putem remarca în cadrul filmului, că după ce au reușit să pună anumite bariere între ceea ce au trăit ei, și ceea ce trebuiau să declare, toți cei din jur, în special mass-media era deja interesată de noi subiecte, iar întoarcerea soldaților era deja cam o noutate de un interes secundar.[177]

La fel ca și în filemele *Hurt Locker*, *American Sniper* sau serialele *Band of Brorthers* și *Pacific*, ne sunt prezentate dilema soldaților, ce facem acum că este pace? Astfel de comportamente apar des la veterani care au dificultăți de stres. Nefiind ajutați de experți, ei încearcă să înfrunte noua realitate ca fiind de fapt o continuare a războiului. La fel ca și în Flags of Our Fathers, apare problema cu ce ne vom ocupa după ce revenim la familiile noastre. Această dramă este una prezentă și mereu actuală. Nimeni nu-i mai

---

[177] Kelman H.C., Fisher R.J., *Conflict analysis and resolution*, in D. O. Sears, L. Huddy, & R. Jervis (Eds.), *Oxford handbook of political psychology* (pp. 315-353). New York: Oxford University Press 2008.

vrea, chiar dacă la un moment dat li s-au promis ca după război să aplice pentru un loc de muncă.[178]

La un moment dat să încercat o ajutorare a celor care reveneau de pe front acasă. De exemplu, armata americană a adresat celor care se întorceau de câmpul de luptă, dar şi familiilor lor, formulând zece sfaturi pentru a se reîncadra în societate. Aşadar, soldaţii erau îndrumaţi să identifice pe cei care pot să ajute şi să caute ajutor, în caz de nevoie. Aceste persoane care ar putea să ajute fac parte din cercul de prieteni şi apropiaţi. Apoi se recomanda să mpartă problemele mare în probleme mai mici, care pot fi rezolvate-anihlate. Se cerea ca cel care revine să fie activ, şi nu pasiv. Pasivitatea omoară. Totodată se recomndă ca luptătorul să nu tergiverseze cu rezolvarea problemei - o problemă nerezolvată azi poate aduce o avalanşa mâine. Totodata se recomanda soldaţilor să nu caute alinare în alcool şi nici droguri, deoarece aceste substanţe introduc persoana activă într-una pasivă. Se recomanda că problemele membrilor familiior sunt normale, mai ales că trebuie să se aclimatizeze cu o nouă persoană, formată pe câmpul de luptă. Totodată se recomandă acceptarea unei perspective corespunzătoare a relităţii observate. Dacă soldatul a reuşit să facă faţă situaţiilor într-adevăr stresante şi riscante, atunci trebuie să aplice strategiile care i-au permis să supravieţuiască pentru a putea înfrunta cu succes stresul implicat de revenirea acasă. Totodată armata atenţiona că revenirea declanşează un stres şi poate exagera unele stări de intensitate, pe care luptătorul le înfruntă în cadrul vieţii cotidiene. Se recomandă acceptarea unor situaţii care nu pot fi evitate, în trăirea unei vieţi cotidiene în mijlocul societăţii.[179]

Putem observa cu uşurintă că cei care s-au întros de pe frontul de la Iwo Jima, au probleme cu receptarea şi functionarea într-un mediu normal. Au probleme cu receptarea semnalelor care vin din

---

[178] Lyons J.A. Lyons, J. A., *The returning warrior: Advice for families and friends*, in C. R. Figley & W. P. Nash (Eds.) *Combat Stress injury: Theory, Research, and Management*, Routledge, 2006, 131-124.

[179] Rizzo A. , Rothbaum B.O., Graap K., *Virtual Reality as a Tool for Delivering PTSD Exposure Therapy and Stress Resilience Training* MILITARY BEHAVIORAL HEALTH, 1: 48–54, 2013.

afară: explozii, artificii şi ţipete, pe care ei le analizează în categoriile specifice câmpului de luptă. Stimulii care acompaniază forfota de pe străzi pot să readuca în minte scene de conflict.[180]

În situaţia de conflict un rol important îl au schemele care compun în mod general modelul grupării proprii şi modelul grupării inamice. Aceste tipuri de modele sunt simplificate. Scopul acestor scheme este de a explica angajarea în conflict, dar şi a declanşa sentimentul corespunzător în relaţia cu dusmanul. Filmele prezintă scene din pregătirea şi antrenamentul militar, pentru a crea în soldaţi acest element declanşator. În cele mai multe filme care prezintă numai partea americană, sunt oferite detalii despre tratamentul prizonierlor de către inamic. Aşadar la începutul filmului *Flags of Our Fathers* apar fotografii cu execuţii ale prizonierilor. În *Letters from Iwo Jima*, japonezii sunt informaţi că americanii nu au o voinţă şi determinare puternică, că ei se ghidează numai după emoţii, şi că au probleme cu disciplina. Aşadar avem de a face cu stereotepizarea duşmanului, care are ca scop declanşarea în persoana soldatului eliminarea problemelor corelate cu psihica. La fel cum şi pe frontul din Europa de Est, soldaţii germani luptau cu *untermensch* iar sovieticii luptau împotriva *elementelor antisociale*. Un model constituit din elemente simple atribuite duşmanului oferă îndreptătire pentru acţiunile de eliminare al tuturor îndoielilor şi al conflictelor emoţionale care apar în cadrul confruntărilor.[181]

Tendinţele care apar în modelul schematic al grupului propriu şi în cadrul grupului inamic pot fi nemotivate , şi reprezintă un rezultat al funcţionării proceselor de tip raţional-cognitive, dar şi motivate, care apar din cauza corelărilor cu emoţiile şi necesităţilor concrete de rationalizare al intreslor. Privitor la cele nemotivate, avem de a face cu tendinţa de a opri căutările informaţiilor in momentul obţinerii de noutăţi care ţin de cele punctele de vedere anterioare; sunt corelate cu erori de atribuire a unor tendinţe

[180] Nash W.P. *The stressors of war*, in C. R. Figley & W. P. Nash (Eds.) *Combat Stress injury: Theory, Research, and Management*, Routledge, 2007, 11-31.

[181] Herrmann R.K., *Image Theory and Strategic Interaction in International Relations* in: D.O. Sears, L. Huddy, R. Jervis, *Oxford Handbook of Political Psychology*, Oxford University Press, 2003.

referitoare la modul de acționare al inamicului, făcând abstracție sau omitând factorii independenți exteriori, așa cum ar fi o invazie; elementele care rezultă din difernțele culturale, idelogice sau religioase, care permit o interpretare diferită a situației și comportamentului; elementele care țin de istorie, eliminând contextele care sunt foarte importante pentru a putea înțelege o realitate. Trebuie mereu de avut în vedere distorsionările motivate care acompaniază relațiile. Așadar avem o tendință de exagerare probabilitătii succesului în momentul când este exagerat de dorit dar și tendința de atribuire inamicului unor caracteristici foarte negative.[182] Ca o comparație, în timpul războiului rece U.R.S.S. era considerat imperiul răului care apare și în Cartea Revelației a Sf Ioan. Tot URSS-ul care amenința existența S.U.A. care trebuia înfruntat, era prezentat si ca statul care este în pragul falimentului, pentru a declanșa promisiunea succesului S.U.A. dacă accepta pașii impuși de politicieni.

Din nou putem vorbi despre efectul experminatului făcut de Philip Zimbardo, când studenții aleși s-au împărțit pe grupe. Trebuie să menționăm ca pentru formarea unei atitudini la nivel de grup , nu este nevoie de o fundamentalizare puternică, cum ar fi determinantul etnic, națională sau religioasă. Pentru formarea unei atitudini la nivel de grup este nevoie de determinante cum ar fi necesitatea contextuală, ca exemplu manifestațiile din ianuarie 2017 împotriva PSD-ului în general și anti-Dragnea-Iordache în special. Sau cazul afro-americanilor care au luptat pentru SUA în cadrul celui de-al doilea război mondial, dar și în timpul războiului din Vietnam, dar nu aveau drepturi cetățenești egale cu cele ale albilor.[183]

În timpul celui de-al doilea război mondial inamicii mereu s-au interpretat reciproc eliminând diferențele de tip culturale. Dușmanii erau receptați ca fiind foarte cruzi, și toți erau încadrați

---

[182] Levy J.S., Levy, J., *Prospect theory and international relations: Theoretical applications and analytical problems,* Political Psychology, 1992, 13(2), 283–310.

[183] Sherif, M., Harvey, O. J., White, B. J., Hood, W. R., and Sherif, C. W. *Intergroup conflict and cooperation: The robbers cave experiment,* Norman: University of Oklahoma Press, 1961.

în categoriile negtiviste. Diferența care apare între cele două filme, este că în cadrul *Letters from Iwo Jima*, un soldat american a întâlnit un ofițer care a călătorit în Vest, a participat la concursuri de echitație, cunoștea limba engleză, și mai mai mult, au dat morfină soldatului american rănit. Pe de alta parte, în toate filmele americane putem observa reprezentanți ai diferitelor etniilor care sunt aproape ca frații.[184]

De obcei întâmplările istorice reprezintă o sursă de generare și menținere a identității dar și a dependenței de acel grup social. Mecanismele de memorie și de uitare sunt parte componentă a factorilor care determină dezvoltarea identității și conștiinței naționale. Așadar avem de a face cu un element psihologic de tipul blitz-ului. Acest fenomen face referință la apariția în conștiința grupurilor mari a unor amintiri care acompaniază acel eveniment istoric. Pentru a deveni un element al conștiinței colective, trebuie de luat în evidență contextul clar, care să fie acceptate și însușite de oameni într-un mod compact cu un singur înțeles. Toate aceste diferențe în interpretări ale faptelor în sine pot deschide mai multe arealuri de cercetare pentru stabilirea elementelor de legătură. Riscul de a lărgi sau de a abstractiza, pot fi comparate cu ereziile care au dezbinat Biserica lui Cristos propovăduită de apostoli, dar și de rolul social al intelectualiștilor.[185]

Filmul *Flags of Our Fathers* prezintă și o istorie interesantă. Este vorba despre drapelul american și celebra poză de la Iwo Jima. Știm că autorul acelei fotografii a fost premiat în anul 1945. Pe baza acelei fotografii a apărut și grupul statuar al eroilor de la Iwo Jima. Fotografia în sine a ridicat un semn de întrebare, deoarece steagul înălțat pe insulă, nu era primul steag, iar numirea acelor soldați ca fiind eroi, a fost un necesar din punct de vedere propagandistic. La fel a fost și cu steagul ridicat de sovietici în Berlin, când a fost nevoie de o retușare, să nu se observe câte ceasuri avea pe mână soldatul sovietic care a pus steagul pe Reichstag. Așadar soldații americani merg pe muntele insulei Iwo

---

[184] Giddens A., *Modernity and Self-identity: Self and Society in the Late Modern Age*, Stanford University Press, 1991.

[185] Lilienfeld, S.O., Lynn, S.J., Ruscio, J., Beyerstein, B.L.,. *50 great myths of popular psychology*. West Sussex, UK: Wiley-Blackwell. 2010.

Jima, înalţă steagul batalionului, entru ca apoi, să-l dea jos, din cauza unui politician care dorea să aibă acel steag. Comandantul hotărăşte schimbarea steagului.abia schimbarea steagului este de fapt imortalizată. Simbolurile şi steagului au o însemnătate simbolică pierderea unui steag era o ruşine mare pentru unitatea militară. De aceea comandantul era nervos când a trebuit să predea steagul, mai ales unui politician. Pentru a strânge fonduri pentru războiul împotriva Japoniei, s-a hotărât ca cei care apar în fotografie să meargă prin toată ţara şi să strângă fonduri.[186]

Cei trei care au participat la înălţarea steagului, cunosc foarte bine evenimentele legate de acel eveniment. Ei ştiu foarte bine ce au voie să povestească, şi ce trebuie să nu spună. Pe nimeni nu-i interesează despre ceilalţi soldaţi, care de fapt au înălţat primul steag. Numai cei trei îi comemorează mereu.

Încă de la începutul filmului ni se oferă o afirmaţie interesantă. Se afirmă că o poză bine făcută poate influenţa desfăşurarea războiului. Pozele au fost utilizate din punct propagandistic încă din anii 1870. În secolul XX sunt multe exemple, când în scop propagandistic au fost utilizate media audio-vizuală, numai pentru a acţiona asupra receptorilor.

Războiul din Pacific a fost un eveniment care a determinat stabilirea unei relaţii de apropiere în cadrul societăţii. Trebuie să reamintim faptul că evenimentele prezentate în filmul *Pearl Harbour* abstractizează realitatea socială. Abia în cadrul filmului *Selma* revine în discuţie elementele declanşatoare ale eliminării segregării rasiale. Contextul războiului care introduce evenimentele comune în cadrul conflictului, pentru toate etniile care formeaza societatea americană, poate determina o slăbire şi chiar o ridicare a diferenţierilor sociale. O funcţie asemănătoare îl au si exagerările evenimantelor istorice menţionate. Un rol deosibit îl joacă potenţialul mitologic şi abilitatea de mobilizare al ansamblului emotional. La drept vorbind, bătălia de la Iwo Jima nu a reprezentat un punct de cotitură al războiului, cum a fost de exemplu bătălia de la Midway in Pacific. A devenit o legendă datorită efeortului depus pentru cucerirea unei pălmi de pământ, dar în acelaşi timp, şi o admiraţie pentru japonezi, care au opus

[186] Berger P.L., Luckmann T., *The Social Construction of Reality: A Treatise in the Sociology of Knowledge*, Open Road Media, 2011.

rezistenţă din 19 februarie până pe 26 martie 1945, şi asta după ce insula a fost puternic bombardată timp de trei zile.[187]

[187] Ford D., *The Pacific War: Clash of Empires in World War II*, A&C Black, 2012.

Bibliografie

Aumont, Jacques, Marie, Michel, *L'analyse des films*, Paris, Nathan, 1988.

Baumeister, Roy, F., *The cultural animal: Human nature, meaning, and social life*. New York: Oxford University Press. 2005.

Baumeister, Roy F. (in press). *Free will in scientific psychology. Perspectives on Psychological Science*, 3(1).

Baumeister, Roy, F., & Bratslavsky, E., Passion, intimacy, and time: Passionate love as a function of change in intimacy. Personality and Social Psychology Review, 3, 1999, 49–67.

Ludy T. Benjamin Jr., *History of Psychology: Original Sources and Contemporary Research*, Wiley-Blackwell, 2008.

Bluestone, Cheryl, *Feature film as a teaching tool.* „College Teaching", 2000, 48, 142-146.

Briggs, Asa, Burke, Peter, *A Social History of the Media: From Gutenberg to the Internet*, 3rd edition, Cambridge and Malden, MA: Polity Press, 2009.

Noël Carroll,, *The Philosophy of Horror: Or, Paradoxes of the Heart*, Routledge, 2003.

David Bordwell, Noel Carroll, *Post-Theory: Reconstructing Film Studies*, Univ of Wisconsin Press, Feb 15, 1996.

Noel Carroll, *Theorizing the Moving Image*, Cambridge University Press, Mar 29, 1996.

Steven Jay Schneider, *Horror Film and Psychoanalysis: Freud's Worst Nightmare*, Cambridge University Press, Jun 28, 2004.

DePaulo Bella, Leah Wilson, *The psychology of Dexter*, Dallas, BenBella Books, 2010.

Professor Daniel Reisberg, *The Science of Perception and Memory: A Pragmatic Guide for the Justice System*, Oxford University Press, 2014.

Jan Van Dijk, *The World of Crime: Breaking the Silence on Problems of Security, Justice and Development Across the World*, SAGE, 2007.

Jan A G M van Dijk, *The Network Society: Social Aspects of New Media*, SAGE, 2005.

Ferro, Marc, *Cinema et Histoire*. Paris: Gallimard, 1984.

Leen Engelen, Roel Vande Winkel, *Perspectives on European Film and History*, Academia Press, 2007.

Mia E. M. Treacey, *Reframing the Past: History, Film and Television*, Routledge, 2016.

Richard Taylor, *Film Propaganda: Soviet Russia and Nazi Germany*, I.B.Tauris, 1998.

Gabbard G.O., *Psychoanalysis and film*, London and New York, Karnak Books, 2001.

Glen O. Gabbard, Krin Gabbard, *Psychiatry and the Cinema*, American Psychiatric Pub, 1999.

Richard J Gerrig, Philip G Zimbardo, Andrew J Campbell, Steven R Cumming, Fiona J Wilkes, *Psychology and Life*, Pearson Higher Education AU, 2015.

Hobbs, R., *Teaching with and about film and television*, „Journal of Management Development", 1998, 17, 259-272.

Kaufman, J. C.,. *Genius, lunatics, and poets: Mental illness in prizewinning authors*, Imagination, Cognition, and Personality, 2001a, 305–314.

John Baer, *Domain Specificity of Creativity*, Academic Press, 2015.

James C. Kaufman, PhD, *Creativity 101*, Second Edition, Springer Publishing Company, 2016.

James C. Kaufman, Jonathan A. Plucker, John Baer, *Essentials of Creativity Assessment*, John Wiley & Sons, Jul 10, 2008.

Siegfried Kracauer, From Caligari to Hitler: *A Psychological History of the German Film* (Princeton, NJ: Princeton University Press, 1947)

Siegfried Kracauer, *From Caligari to Hitler: A Psychological History of the German Film*, Princeton University Press, 2004.

Lebeau, V. *Psychoanalysis and cinema: the play of shadows*, London, Wallflower Press, 2006.

Lilienfeld, S.O., Lynn, S.J., Ruscio, J., Beyerstein, B.L.,. *50 great myths of popular psychology*. West Sussex, UK: Wiley-Blackwell. 2010.

Packer, S., *Movies and the modern psyche*. Portsmouth: Greenwood Publishing Group, 2007.

Rieber, R.W., Kelly, R.J., *Film, Television and the Psychology of the Social Dream*, New York, N.Y., Springer New York, 2014.

Rose, G. Gillian Rose, *Visual Methodologies: An Introduction to Researching with Visual Materials*, SAGE, 2012.

Wedding, D., Boyd, M.A., Niemiec, R.M., *Movies and mental illness: Using films to understand psychopathology* (3rd ed.). Cambridge, 2010.

Ryan M Niemiec, Danny Wedding, Positive *Psychology at the Movies: Using Films to Build Virtues and Character Strengths*, Hogrefe Publishing, 2013.

Winterhoff-Spurk, P., *Psychology of media in Europe: The state of the art, perspectives for the future,* Opladen: Westdeutscher Verlag, 2013.

Winterhoff-Spurk, P., & van der Voort, T. H. A. (Eds.). *New horizons in media psychology: Research cooperation and projects in Europe.* Opladen: Westdeutscher Verlag. Wiseman, 1997.

Young, S.D., *Psychology at the Movies*, New York, John Wiley & Sons, 2012.

Aronson, E., Wilson, T.D., Akert, R.M., *Social psychology*, Pearson, 2015.

Bevan, W., *Perception: Evolution of the concept*, Psychological Review", Vol. 65, No. 1, 1958,34-35

Bernsten, D., Hall, N.M, *The episodic nature of involuntary autobiographical memories*, „Memory and Cognition", 32, 2004, 789-803.

Cialdini, R., *Influence: Science and Practice*, Allyn & Bacon; 4 edition, 2000.

Corbett,M.J., *Towards neuroscientific managment? Geometric chronophotography and the thin-slicing of the labouring body*, „Managment & organizational history", 2008, Vol. 3(2), 107-125.

Ekroll, V., Faul,F., Golz, J., *Classification of apparent motion percepts based on temporal factors*, „Journal of Vision", 2008, 8(4) 31, 1-22.

Erving Goffman, *The Presentation of Self in Everyday Life*, Peter Smith Publisher, Incorporated, 1999.

Goldstein, B.E., *Encyclopedia of Perception*, SAGE Publications: Thousand Oaks, 2010.

Isemonger, I., Sheppard, Ch., *Learning Styles*,"RELC Journal", 2003, nr 34 (2), 195-222.

Karremans, J.C., Stroebe, W. Claus, J., Beyond Vicary's fantasies: *The Impact of subliminal priming and brand choice*, „Journal of Experimental Social Psychology", 2006, 42 (6), 792-798.

Klein, S.B., Loftus, J., Kihlstrom, J.F. *Memory and temporal experience: The effects of episodic memory loss on an amnestic patient's ability to remember the past and imagine future*, „Social Cognition", 2002, 20, 353-279.

Kuisma, J., Simola, J., Uusitalo, L., Oorni, A., *The Effects of Animation and Format on the Perception and Memory of Online Advertising*, „Journal of Interractive Marketing", 2010, 24 (4), 269-282.

Logan, G.D., Zbrodoff, N.J., *Stroop-Type Interferrence: Congruity Effects in Color Naming With Typewritten Responses*, „Journal od Experimental Psychology: Human Perception and Performance", 1998, Vol. 24, No 3, 978-992.

McDonald, M.C., Sarge, M.A., Lin, S., Collier, J.G., Potocki, B., *A Role for the Self: Media Content as Triggers for Involuntary Autobiographical Memories*, „Communication Research" 2012, XX (X), 1-27.

Murphy, S.T., Zajonc, R.B., *Affect, Cognition, and Awareness: Affective Priming With Optimal and Suboptimal Stimulus Exposures*, Journal of Personality and Social Psychology,1993, Vol. 64, No. 5, 723-739.

Pandelaere, M., Millet, K., Van der Bergh, B., *Madonna or Don McLean? The effect of order of exposure on relative liking*. „Journal of Consumer Psychology", 2010, 20 (4), 442-451.

Rumelhart, D.E., Schemata: *The building block of cognition,* R. Spiro, B. Bruce, W. Brewer*, Theoretical issues in reading comprehension*, New York, Lawrence Erlbaum Associates, Inc., 1980.

Smitsman, A.W. *Affordances and the Practice of Industrial Design Engineering: Comments on Smet's Presentation*, „Ecological Psychology", 1995, 7 (4), 375-378.

Snyder, M., Tanke, E. D., & Berscheid, E., *Social perception and interpersonal behavior: On the self-fulfilling nature of social stereotypes*, Journal of Personality and Social Psychology, 1977, 35, 656–666.

Treisman, A.M., Gelade, G., *A Feature-Integration Theory of Attention.* „Cognitive Psychology", 1980, 12, 97-136.

Tulving, E., *Episodic Memory. From mind to brain*, „Annual Review of Psychology", 2002, 53, 1-25.

Welsh, T., *From Gestalt to Structure: Maurice Merleau-Ponty's Early Analysis of the Human Sciences*, „Theory Psychology", 2006, Vol. 16 (4), 527-551.

Max Wertheimer, *On Perceived Motion and Figural Organization*, MIT Press, 2012.

Zebrowitz, L.A., McArthur, L., Baron, R., *Toward an Ecological Theory of Social Perception*, „Psychological Review", 1983, Vol 90, No. 3, 215-238.

Arntzen, E., *Psychologie der Zeugenaussage. System der Glaubwiirdigkeitsmerkmale*, 2nd ed. Miinchen: C.H. Beck, 1983.

Bull, R., Valentine, T., Williamson, T., Handbook of Psychology of Investigative Interviewing, Chichester: Wiley & Blackwell, 2009.

Dando, C.J., Milne, R., *The Cognitive Interview Chapter*, , R.N. Kocsis, *Applied Criminal Psychology: A Guide to Forensic Behavioural Sciences*, Springfield: Charles C. Thomas Pub. Ltd, 2009.

Edenborough, R., *Effective Interviewing-A handbook of skills and techniques*, London: Kogan Page, 2002.

Ekman, P., *Telling Lies: Clues to Deceit in the Marketplace, Politics, and Marriage*, W.W. Norton, 2001.

Paul Ekman, *Emotions Revealed, Second Edition: Recognizing Faces and Feelings to Improve Communication and Emotional Life*, Henry Holt and Company, 2007.

Festinger, I., *A theory of cognitive dissonance*, St. Redwood City: Stanford University Press, 1957.

Fischer, R., Geiselman, E., *Memory-enhancing techniques for investigative interviewing*, Springfield: Charles Thomas Publisher, 1992.

Gudjonsson, G., *Investigative interviewing: Recent developments and some fundamental issues*, International Review of Psychiatry, 1994, 6, 237-245.

Gudjonsson, G., *The Psychology of Interrogations and Confessions- a handbook*, Chester: John Wiley & Sons Ltd., 2003.

Hall, E.T, *The Hidden Dimension*, New York: Doubleday, 1966.

Inbau, F.E., Reid, J.E., Buckley, J.P., *Criminal interrogation and confessions*, Baltimore: Williams and Wilkins, 1986.

Inbau, F.E., Reid, J.E., Buckley, J.P., *Criminal interrogation and confessions fourth edition*, Gaithesburg, Maryland: Aspen, 2001.

Jayne,B.C., Buckley, J.P., *Criminal interrogation techniques an trial. The Prosecutor*, "The Journal of the National District Attorney's Association" 25/2, 1991, 23-32.

Kassin, S.M., McNall, K., *Police interrogation and Confessions: Communicating promises and threats by pragmatic implication*, "Law and Human Behavior" 15, 1991, 233-251.

Kebbel, M.R., Wagstaff, G., *Enhancing the practicality of the cognitive interview in forensic situations*, "Psychology" vol. 7, 1996.

Knapp, M.L., Hall, J.A., *Nonverbal Communication in Human Interaction*, Wadsworth Publishing; 7 edition edition, 2009.

Martin Tunley, Andrew Whittaker, Jim Gee, Mark Button, *The Accredited Counter Fraud Specialist Handbook*, John Wiley & Sons, 2015.

Koppen, P., *Finding false confessions*; R. Bull, T. Valentine, T. Williamson, *Handbook of Psychology of Investigate Interviewing*, Chichester: Wiley & Blackwell, 2009.

Malpass, R.S., Devine. G.G, *Guided memory in eyewitness identification*, "Journal of Applied Psychology", Vol. 1, 1981, 343-350.

Memon, A., Bull, R., *The cognitive interview: Its origins, empirical support, evaluation and practical implications*, "Journal of Community and Applied Social Psychology", Vol 1, 1991, 291-307.

Memon, A, Vrij, A., Bull R., *Psychology and Law: Truthfulness, Accuracy and Credibility (2nd edition)*, John Wiley, 2003.

Joe Navarro, *What Every BODY is Saying: An Ex-FBI Agent's Guide to Speed-Reading People*, William Morrow Paperbacks, 2008.

Joe Navarro Toni Sciarra Poynter, *Dangerous Personalities: An FBI Profiler Shows You How to Identify and Protect Yourself from Harmful People*, Rodale, 2014.

John R. , Ph.D. Schafer, Joe Navarro, *Advanced Interviewing Techniques: Proven Strategies for Law Enforcement, Military, and Security Personnel*, Charles C Thomas Pub Ltd; 2016.

Sleen van der, J., *A structured Model for Investigative Interviewing of Suspects.*; R. Bull, T. Valentine, T. Williamson, *Handbook of Psychology of Investigative Interviewing*, 35-52, Chichester: Wiley & Blackwell, 2009.

Stevanage, S., *On the importance of imaginary in the cognitive interview*, Psychology, vol 8 (3) 1997 133-145.

Tulving, E., Thomson, D.M., *Encoding specificity and retrieval processes in episodic memory*, "Psychological Review" 80, 1973, 352-373.

Vrij. A., *Detecting Lies and Deceit: Pitfalls and Opportunities*, John Wiley & Sons, 2011.

Memon, A, Vrij, A., Bull R., *Psychology and Law: Truthfulness, Accuracy and Credibility* (2nd edition), John Wiley, 2003, 48-73.

Vrij, A., *Detecting Lies and Deceit. Pitfalls and Opportunities.* Chichester: John Wiley & Sons Ltd, 2011.

Williamson, T., Milne, B., Savage, S., *International Development in Investigative Interviewing*, Cullomptom: Willan Publishing, 2009.

Ainsworth, M.D.S., Blehar, M.C., Waters, E., Wall, S, *Patterns of attachment: A psychological study of the strange situation*, Hillsdale, New York: Erlbaum, 1978.

Aronson, E., *Human – a social being*, Worth Publishers; 11 edition, 2011.

Banyard, P., *Tyranny and the tyrant: From Stanford to Abu Ghraib.* [Review of the book *The Lucifer effect: Understanding how good people turn evil*, by P. G. Zimbardo]. The Psychologist, 2007, 20, 494–495.

Bly, R., *Iron John: A Book about Men*, Da Capo Press, 2004. 2004.

Bowlby, J., *Attachment and loss*, Vol 3, New York: Basic Books, 1980.

Bronfenbrenner, Urie, *Making Human Beings Human: Bioecological Perspectives on Human Development*, SAGE, 2005.

Bronfenbrenner, U. *Soviet methods of character education.* American Psychologist, 1962, 17, 550-564.

Cobb-Clark D., Tekin E., *Fathers and Youth's Delinquent Behavior*, "Melbourne Institute Working Paper Series- Working Paper", no 23/11. 1-48, 2011.

Cushman Ph., *Why the Self Is Empty Toward a Historically Situated Psychology*, California School of Professional Psychology, Berkeley Alameda, 1992.

Dimery R., *1001: Albums You Must Hear Before You Die*, Cassell Illustrated, 2013.

Enright J., *The Structure of Human Experience. Therapy without Resistance*, California: Pro Telos, 1980.

Fanning P., McKay M., *Being a Man: A Guide to the New Masculinity*, Oakland, Calif.: New Harbinger Publications, 1993.

Fromm E., *Escape from Freedom*, Ishi Press, 2011.

Fromm E., *The Anatomy of Human Destructiveness*, Holt, Rinehart and Winston, 1973.

Halpern B.S., *A global map of human impact on marine ecosystem*, "Science" nr 15, Feb 2008, Vol319 No 5865, 948-952.

Hazan C., Shaver, P., *Roman love conceptualized as an attachment process*, "Journal of experimental Social Psychology", nr 22, 1987, 276-291.

Hiatt B., *Back to the Wall*, "Rolling Stone" 1114, 2010, 50-57.

Holden C., *Global survey examins impact of depression*, "Science" 233, 2000, 839-841.

J. McGraw, loneliness: J. McGraw, *God and the Problem of Loneliness*, Religious Studies 28:3 1992.

hdr.undp.org/sites/default/files/reports/259/hdr_1998_en_complete_nostats.pdf

Kareiva, P., Watts, S., McDonald, R., Boucher, T., *Domesticated Nature: Shaping Landscapes and Ecosystems for Human Welfare*, Science, 2007, Vol 316, No 5833, 1866-1869.

Leakey, R., Levin R., *The Sixth Extinction: Patterns of Life and the Future of Humankind*, Anchor, 1996.

Levy D.M., *Maternal over-protection and rejection*, "Journal of Nervous and Mental Disease", 73, 1931, 65-77.

Assets.panda.org/downloads/wwf_lpr2014_low_res.pdf

J. McGraw, *God and the Problem of Loneliness*, Religious Studies 28:3 1992

Mellody P., *Facing Love Addiction: Giving Yourself the Power to Change the Way You Love* HarperOne, 2003.

Murphy J, Laird, N, Monson R,. *A 40-year perspective on the prevalence of depression*, "Archives of General Psychiatry" 2000, 57, 209-215.

Seligman C.G., *Temperament, Conflict and Psychosis In a Stone Age Population*, "British Journaal of Medical Psychology" 1926, 9, 187-202.

Skliar N., Starikowa K., *Zur vergleichen den Psychiatrie*, "European Archives of Psychiatry and Clinical Neuroscience" 1929, 88, 554-585.

Thomasgard M, Metz W.P., *Parental Overprotection Revisited*, "Child Psychiatry and Human Development" 1993, 24 (2), 67-80.

Zimbardo P.G., Haney C., Banks, W.C., Jaffe D., psihologia inchisorii 1978

Zimbardo, P. G., Haney, C., Banks, W. C., Jaffe, D., *The mind is a formidable jailer: A Pirandellian prison*, The New York Times Magazine, 1973, Section 6, 38—60.

Zimbardo PG., Ruch F.L., *Psychology and Life 10th Revised edition*, Pearson Scott Foresman, 1979.

Aronson, E., Wilson, T.D., Akert, R.M., *Social psychology*, Pearson, 2015.

Beevor A., *Berlin: The Downfall: 1945*, Penguin, 2007.

Beevor A., *Stalingrad*, Penguin, 2007.

Beevor A., D-Day. Battle of Normandy, Penguin, 2010.

Berger P.L., Luckmann T., *The Social Construction of Reality: A Treatise in the Sociology of Knowledge*, Open Road Media, 2011.

Buss D., *Evolutionary Psychology: The New Science of the Mind*, Pearson, 2011.

Carson, R.C., Butcher, J.N., Mineka, S. and Hooley, J.M. *Abnormal Psychology and Modern Life*, New York: HarperCollins. 2003.

Cialdini, R.B., Influence: *The Psychology of Persuasion*, Harper Business; Revised edition, 2006.

Ford D., *The Pacific War: Clash of Empires in World War II*, A&C Black, 2012.

Giddens A., *Modernity and Self-identity: Self and Society in the Late Modern Age*, Stanford University Press, 1991.

Goffman E, *Asylums: Essays on the Social Situation of Mental Patients and Other Inmates*, Routledge, 2017.

Halbwachs M, *On Collective Memory*, University of Chicago Press, 1992

Herrmann R.K., *Image Theory and Strategic Interaction in International Relations* in: D.O. Sears, L. Huddy, R. Jervis, *Oxford Handbook of Political Psychology*, Oxford University Press, 2003.

Ch R Figley, W.P. Nash, *Combat Stress Injury*, New York: Routledge, 2007.

Kelman H.C., Fisher R.J., *Conflict analysis and resolution*, in D. O. Sears, L. Huddy, & R. Jervis (Eds.), *Oxford handbook of political psychology* (pp. 315-353). New York: Oxford University Press 2008.

Kershaw I., *Fateful Choices: Ten Decisions That Changed the World, 1940-1941*, Penguin Books 2008.

Levy J.S., Levy, J., *Prospect theory and international relations: Theoretical applications and analytical problems,* Political Psychology, 1992, 13(2), 283–310.

Lilienfeld, S.O., Lynn, S.J., Ruscio, J., Beyerstein, B.L.,. *50 great myths of popular psychology*. West Sussex, UK: Wiley-Blackwell. 2010.

Lyons J.A. Lyons, J. A., *The returning warrior: Advice for families and friends*, in C. R. Figley & W. P. Nash (Eds.) *Combat Stress injury: Theory, Research, and Management*, Routledge, 2006, 131-124.

C. R. Figley & W. P. Nash (Eds.) *Combat Stress injury: Theory, Research, and Management*, Routledge, 2006.

Nash W.P. *The stressors of war*, in C. R. Figley & W. P. Nash (Eds.) *Combat Stress injury: Theory, Research, and Management*, Routledge, 2007, 11-31.

Rizzo A. , Rothbaum B.O., Graap K., *Virtual Reality as a Tool for Delivering PTSD Exposure Therapy and Stress Resilience Training* MILITARY BEHAVIORAL HEALTH, 1: 48–54, 2013.

Sherif, M., Harvey, O. J., White, B. J., Hood, W. R., and Sherif, C. W. *Intergroup conflict and cooperation: The robbers cave experiment,* Norman: University of Oklahoma Press, 1961.

Wallace, S.E., *Total Institutions*, Routledge, 2017.

Workman L, Reader W., *Evolutionary psychology. An introduction*, New York: Cambridge University Press, 2014.

Zimbardo P, Boyd J, *The Time Paradox: The New Psychology of Time That Will Change Your Life*, Atria Books, 2009.

Sword, R. M., Sword, R. K. M., Brunskill, S. R., & Zimbardo, P. G., *Time perspective therapy: A newtime based metaphor therapy for PTSD*, Journal of Loss and Trauma: International Perspectives on Stress & Coping, 2013, 19, 197–201.

www.ingramcontent.com/pod-product-compliance
Lightning Source LLC
Chambersburg PA
CBHW051059250726

48656CB00001B/383